LE
SABOT ROUGE

PAR

HENRY MURGER

DEUXIÈME ÉDITION

PARIS

MICHEL LÉVY FRÈRES, LIBRAIRES-ÉDITEURS
RUE VIVIENNE, 2 BIS

1861

Tous droits réservés

COLLECTION MICHEL LÉVY

ŒUVRES COMPLÈTES

DE

HENRY MURGER

OEUVRES
DE
HENRY MURGER

PARUES DANS LA COLLECTION MICHEL LÉVY

SCÈNES DE LA VIE DE BOHÈME.	1 vol.
LE PAYS LATIN.	1 —
SCÈNES DE CAMPAGNE.	1 —
LES BUVEURS D'EAU.	1 —
PROPOS DE VILLE ET PROPOS DE THÉATRE.	1 —
LE ROMAN DE TOUTES LES FEMMES.	1 —
LE DERNIER RENDEZ-VOUS.	1 —
LES VACANCES DE CAMILLE.	1 —
SCÈNES DE LA VIE DE JEUNESSE.	1 —
LE SABOT ROUGE.	1 —
MADAME OLYMPE.	1 —

LES NUITS D'HIVER, poésies complètes, un beau vol. grand in-18.

BALLADES ET FANTAISIES, un joli vol. in-32.

LA VIE DE BOHÈME, comédie en cinq actes.
LE BONHOMME JADIS, comédie en un acte.
LE SERMENT D'HORACE, comédie en un acte.

Coulommiers. — Imprimerie de A. MOUSSIN.

LE SABOT ROUGE

1

LE SABOT ROUGE

Saint-Clair est un village d'environ cent cinquante feux, situé sur la lisière de la forêt de Fontainebleau, où se trouvent de nombreux gisements de grès qui depuis longtemps suffisent à l'entretien du pavé de Paris.

Comme dans tous les pays où la nature particulière du sol a créé une industrie spéciale, l'exploitation des carrières de grès est devenue pour les riverains de la forêt une sorte de métier naturel. Aussi, dès qu'un enfant commence à avoir l'âge du travail, on l'envoie au *rocher* comme on l'enverrait à la mer dans les provinces du littoral maritime, ou aux mines dans les départements qui produisent la houille. Mais, si les travaux dans la carrière exigent peu d'apprentissage, ils réclament en revanche une grande dépense de forces, et, outre les dangers accidentels, comme les éboulements ou les explosions, ils sont soumis à des influences pernicieuses dont la science a constaté les effets. L'impalpable pulvérin de grès qui se dégage des blocs, lorsqu'on les débite, pénètre dans les organes et peut, avec le temps, déterminer des altérations assez graves pour causer la mort. Les ouvriers qui travaillent aux carrières appellent cette affection la maladie du sable.

Cependant, malgré les dangers inhérents au métier, l'exploitation du grès manque rarement de bras; car, dans un pays de petite propriété où chacun possède à peine son toit et son champ, dont le rapport est insuffisant pour assurer l'existence, l'habitant pauvre trouve une ressource dans une occupation où le salaire relativement élevé, compense à ses yeux les périls et les fatigues du labeur.

A cette industrie, dont vivent un grand nombre de familles, les hameaux situés dans le rayon de la forêt de Fontainebleau en ajoutent une autre non moins productive, mais plus dangereuse, puisqu'elle place ceux qui s'y livrent en état permanent d'hostilité avec la loi. Nous voulons parler du braconnage, délit aussi commun dans le voisinage des forêts que la contrebande peut l'être à la frontière, et d'autant plus difficile à réprimer, qu'il trouve presque un encouragement chez les gens même qui craindraient de le commettre. —

Si active que soit la surveillance des agents spéciaux, si bien armée de peines sévères que puisse être la législation, il est des pays où elle ne pourra jamais détruire complétement le braconnage ; car il est des pays où cette industrie occulte est une tradition héréditaire, une sorte de passion native du sol même.

Le village de Saint-Clair était noté dans toutes les *garderies* du canton comme recélant le plus grand nombre de braconniers. Voisin de l'une des parties les plus giboyeuses de la forêt, et entouré de toutes parts par une agglomération de bois communaux, la position accidentée de ce hameau en rendait la surveillance plus difficile qu'ailleurs. Aussi, de tous temps, Saint-Clair avait-il été un véritable nid de maraudeurs. Il n'était point de maison où ne se trouvât, dans un coin mystérieux, quelque engin prohibé dont les enfants même ne fussent en état de faire usage. — Malgré l'évidente complicité de presque tous les habitants de Saint-Clair, il était rare que les gardes de l'État pussent constater quelque délit dont la répression vînt servir d'exemple, et ceux des particuliers se bornaient à faire leur devoir sans y ajouter le zèle. Quant à la gendarmerie, lorsqu'elle était requise pour quelque expédition au hameau de Saint-Clair, elle y marchait dans l'attitude d'une troupe qui va à l'ennemi, le sabre au poing et la carabine armée. Ces précautions étaient justifiées d'ailleurs par la résistance que l'autorité avait souvent rencontrée dans ce pays, où l'on parle encore avec enthousiasme du siége soutenu pendant un jour et une nuit dans l'auberge du *Sabot rouge* par dix braconniers contre toute la brigade de gendarmerie du canton, obligée de recourir à l'assistance d'un détachement de la garnison pour avoir raison des mutins. Cette affaire, dans laquelle le sang avait coulé, envoya aux assises sept ou huit personnes, parmi lesquelles deux furent condamnées au bagne. On put croire pendant quelque temps que les habitants de Saint-Clair étaient disposés à s'amender; mais, si les rigueurs de la justice les avaient d'abord frappés d'intimidation, l'habitude, plus forte que la crainte, les ramena bientôt au mépris de la loi; et, deux ans après le siége du *Sabot rouge*, les choses en étaient revenues au point où elles se trouvaient auparavant.

Cette auberge du *Sabot rouge* était plutôt un cabaret qu'une hôtellerie, car Saint-Clair n'étant pas un endroit de communication, le passage d'un voyageur n'y est point un fait familier. Ceux que le hasard y amenait, trouvaient bien juste le gîte et le repas, encore fallait-il qu'ils ne se montrassent pas exigeants. La clientèle ordinaire se composait des ouvriers carriers qui, avant de se rendre au chantier, c'est ainsi qu'on désigne la carrière, entraient au cabaret pour y boire l'eau-de-vie ou le vin blanc, libation matinale dont l'usage, resté fréquent parmi les ouvriers, a donné naissance au dicton proverbial : *tuer le ver*. Le dimanche et les jours fériés, les paysans venaient jouer aux boules sur un terrain préparé ; le soir, la jeunesse du pays s'y rassemblait, à la danse, dans une sorte de grange qui servait encore de salle de spectacle, où les charlatans et les saltimbanques forains obtenaient quelquefois du maire la permission de venir débiter leurs drogues ou donner une représentation du théâtre des marionnettes.

Le *Sabot rouge* était tenu par les époux Pampeau, et le sieur Eustache Pampeau, lui-même, avait dans le village la réputation d'être la meilleure pratique de son cabaret. Né d'ailleurs à l'ombre de la côte dorée où murissent les grands crus qui sont l'honneur de la vigne bourguignonne, il semblait avoir dans le gosier un morceau de cette éponge altérée, qu'un préjugé bachique partageait jadis entre l'ordre des Templiers et la corporation des sonneurs. Doué d'une de ces robustes santés pour lesquelles l'excès est peut-être une hygiène, Eustache Pampeau, qui à cinquante ans n'avait jamais été malade, rappelait à l'imagination un de ces frères quêteurs des abbayes rabelaisiennes, montrant sous le capuchon monacal une large face de silène, où brille l'œil émerillonné du satyre.

Pendant les premiers temps de leur mariage, sa femme avait essayé de le corriger de son penchant à l'ivresse, si nuisible aux intérêts de leur maison; mais toutes les remontrances qu'elle avait pu lui faire étant restées sans résultat, elle avait renoncé à d'inutiles querelles et laissait Pampeau vivre à son aise en compagnie des liquides de son établissement. Le cabaretier savait, au reste, jusqu'à un certain point, concilier sa passion avec le devoir et faisait exception avec les gens chez qui l'usage immodéré de la boisson engendre l'habitude de la paresse. Chez lui, l'ivresse même n'excluait ni le goût ni la possibilité du travail, et il mettait une sorte d'amour-propre à prouver à sa femme, lorsque celle-ci le gourmandait, que le gain qu'il retirait de son métier de tisserand pouvait nourrir ou plutôt abreuver son vice.

A l'exemple des clients du *Sabot rouge* qui inscrivaient leurs dépenses non payées sur une ardoise, Pampeau, ne sachant ni lire ni écrire, s'était ouvert un compte particulier sur un de ces cadres destinés dans les cafés à marquer les points des joueurs au billard. La double rangée de billes rouges et blanches qu'on fait glisser sur une tringle lui servait à désigner le nombre des litres de vin ou des petits verres qu'il consommait. Eustache apportait la plus grande probité dans cette tenue de livres originale. Dès qu'il avait épuisé les deux séries de billes du *marquoir*, il se débitait auprès de sa femme du chiffre qu'elles représentaient et en recommençait une nouvelle; il appelait cela *tourner la page*. Bien qu'il eût confiance en sa solvabilité, il était rare qu'il laissât grossir sa dette, et lorsqu'il avait renouvelé deux ou trois fois le marquoir, il venait, selon son expression, ressusciter *Crédit* en se payant lui-même entre les mains d'Héloïse Pampeau, sa femme, que, dans cette circonstance, il obligeait à le régaler d'une tournée hors de compte.

Cependant cette double personnalité de cabaretier et d'ivrogne donnait quelquefois naissance à des épisodes bizarres. Lorsqu'il arrivait à Pampeau de laisser attarder le règlement de son compte, il s'emportait en de belles colères contre son inexactitude et reprochait à sa femme de se montrer trop complaisante envers les mauvaises pratiques. Au milieu de son ivresse, il se préoccupait d'être son débiteur, et cette idée suffisait pour lui faire trouver son vin amer. Un huissier de Nemours racontait que dans une de ces circonstances, il avait un jour reçu la visite d'Eustache, lequel était furieux contre lui-même et voulait se faire assigner chez le juge de paix au payement d'une somme arriérée.

En réalité, la plus grande place occupée par Pampeau dans sa propre maison était encore celle tenue par son verre, et sa seule manière de se rendre utile dans son cabaret consistait à en être la vivante enseigne. Hors les heures qu'il passait quotidiennement à faire courir la navette sur le métier, il n'était bon à rien. Propriétaire d'un bout de jardin attenant à sa maison et de quelques perches dispersées sur le terroir de la commune, il ne lui arrivait pas deux fois dans l'année d'y mettre le pied. — Si c'était de la vigne, disait-il à sa femme, passe encore, je suis Bourguignon ; mais des légumes, c'est dans le département du pot-au-feu, cela te regarde. Aussi laissait-il à Héloïse tous les soins du ménage, tous les soucis du commerce ; il ne l'aidait point même dans les travaux de force qui réclament le bras d'un homme.

Néanmoins les deux époux vivaient en assez bonne

intelligence ; Pampeau avait, d'ailleurs, quelques-unes des qualités de son vice. Doué d'une nature franche, il était d'une intarissable bonne humeur, et, le verre en main, il savait trouver d'heureuses saillies qui, le soir, couraient les veillées et flattaient l'amour-propre de sa femme, lorsqu'elle les entendait répéter en allant emplir ses seaux au puits communal, besogne fatigante que son mari lui abandonnait comme toutes les autres, sous le prétexte ingénieux qu'un marchand de vin ne pouvait aller puiser de l'eau sans paraître suspect à ses voisins.

Pampeau était, en outre, cité dans le pays pour l'étendue extraordinaire de sa voix, dont l'énorme volume reculait la limite d'extension ordinairement assignée au son humain. Cette particularité, qui lui aurait permis de rendre l'écho poitrinaire, lui fournissait souvent l'occasion de prélever un impôt sur la curiosité des gens des environs. Le rustique Stentor pariait de briser les vitres d'une chambre fermée en chantant à franc gosier le refrain favori, dans lequel se résumait sa philosophie :

> Toujours je passerai ma vie,
> Toujours joyeux, toujours content.
> La bouteille est ma seule amie,
> Je suis un amoureux constant.

Lorsqu'on lui tenait le pari, arrosé avec abondance, sur le dernier vers de ce couplet, Eustache lançait une note inconnue au registre vocal, mais qui avait, en effet, sur les objets fragiles la puissance d'une détonation. Sous le choc de cette vibration pénétrante et prolongée, non-seulement les vitres éclataient, mais encore tous les ustensiles ménagers contenus dans les dressoirs et dans les buffets. Les assiettes et les verres, les cuivres et les ferrailles, tous les corps mis brutalement en contact avec l'éclat de ce poumon d'airain, réveillaient leurs sonorités particulières et formaient un chœur de bruits étranges, qui semblait saluer dans la personne d'Eustache Pampeau le démon du charivari.

En sa qualité de beau chanteur, le cabaretier du *Sabot rouge* était le premier invité à toutes les noces qu'on célébrait non-seulement à Saint-Clair, mais dans toutes les communes environnantes, à deux et trois lieues à la ronde. Eustache pouvait d'ailleurs mettre son riche organe au service d'un répertoire varié qui lui permettait, selon les circonstances et selon le précepte, de passer du grave au doux, du plaisant au sévère. Sa mémoire musicale était meublée de chants en l'honneur des braves et de chants en l'honneur des belles. Il alternait volontiers la romance sentimentale, usée sur les orgues de Paris, avec un des *noëls* bourguignons de son compatriote Lamonnoye ou avec quelques-uns de ces rondeaux bachiques dont les rimes, ayant le goût un peu salé du terroir gaulois, faisaient d'eux-mêmes sauter les bouchons des bouteilles.

Quelquefois, au milieu du silence nocturne, troublé

lugubrement par les cris des oiseaux des ténèbres, les gens de Saint-Clair qui rentraient tardivement du marché, en pressant du fouet ou du talon l'allure de leur mule paresseuse ou de leur âne rétif, entendaient venir au-devant d'eux, sur les chemins de la forêt, l'écho d'une voix chantant avec la sereine conviction que donne l'ivresse :

>Toujours je passerai ma vie,
>Toujours joyeux, toujours content.....

S'arrêtant un moment sur la route déserte, ils portaient alors à leur oreille leur main à demi fermée, en forme de cornet à recueillir le son, et, selon le point éloigné d'où leur arrivait ce refrain qui pouvait, sans altérer sa sonorité, traverser les fureurs du vent d'équinoxe, ils se disaient entre eux : Il y a ce soir une noce à Sorques ou à Récloses.

C'était en effet Eustache Pampeau lui-même, installé sans doute à quelque repas nuptial, et se torchant la bouche à la nappe du souper, où il payait son écot de bonne humeur en brisant avec sa note fantastique la vaisselle du nouveau ménage.

Au retour de ces liesses matrimoniales, prolongées par l'usage jusqu'à une heure avancée de la nuit, il arrivait souvent que le cabaretier du *Sabot rouge*, ayant laissé son équilibre au fond des gobelets, s'égarait sur les routes ou dans les chemins de traverse. La première pierre où buttait son pied chancelant lui servait d'oreiller, et une heure de sommeil sur l'humide rosée avait sur son ivresse une vertu pareille à celle que les anciens attribuaient à la plante du lierre dont ils se couronnaient le front pendant les festins. On sait que le proverbe a créé une divinité spécialement préposée à la protection des ivrognes. Ce n'était pas seulement un Dieu, mais tout un Olympe qui surveillait Pampeau, et le préservait des accidents de toute nature provoqués par l'intempérance. Aussi en était-il arrivé à nier le danger, et disait-il quelquefois, en imitant un mot resté populaire :

— Le pavé sur lequel je dois me fendre la tête n'est pas encore taillé.

Un jour, il reçut cependant un avertissement qui altéra sa sécurité. Revenant, une nuit du mois de novembre, d'un hameau voisin où on l'avait convié à fêter la première cuvée de la vendange, en arrivant à la fourche formée par deux chemins dont l'un devait le ramener chez lui, Eustache, égaré dans le double brouillard de l'ivresse et de la nuit, prit un sentier opposé, au bout duquel il sentit tout à coup le terrain devenir mouvant et humide sous ses pieds. Il était entré dans une sorte de mare où l'on menait les bestiaux s'abreuver. Les efforts qu'il tenta instinctivement pour se retirer l'enfonçaient encore davantage dans la marne vaseuse de l'abreuvoir, où les pluies diluviennes de l'automne avaient répandu assez d'eau pour qu'un homme pût s'y noyer. Eustache, qui ne savait pas nager, eut bientôt le sentiment du danger qu'il courait, car il était déjà dans l'eau jusqu'aux épaules, et la vase continuait à fléchir sous le poids de son corps. Il cria au secours, et fit un appel mental à sa Providence ordinaire. Le secours qu'il demandait lui arriva par une de ces voies détournées familières à la Providence. Elle mit le feu à une bergerie voisine de la mare où par négligence elle avait laissé choir l'ivrogne, et les gens qui accoururent chercher de l'eau pour éteindre l'incendie le repêchèrent au moment où il allait complètement disparaître.

En racontant son aventure à sa femme, Eustache lui déclara qu'il avait fait un vœu pendant son péril aquatique. Héloïse crut naturellement qu'il avait promis de ne plus boire.

— Oui, lui répondit-il, de ne plus boire de l'eau. C'est bien ça.

Le vœu de Pampeau était seulement un vœu fait à la prudence, et, depuis sa chute dans l'abreuvoir, il ne s'aventura plus la nuit, en expédition bachique, sans être accompagné de son chien, qu'il avait patiemment dressé à marcher devant lui, tenu en laisse comme les chiens d'aveugle, et, pour plus de précaution, portant suspendu à son cou un petit falot allumé.

Séparé de son chien, le portrait du cabaretier de Saint-Clair devant rester une figure incomplète, nous croyons utile de donner un croquis de cet animal qui, après la bouteille, tenait la plus grande place dans les affections d'Eustache Pampeau.

Toto était un hideux caniche, et, pour le peindre fidèlement d'un seul mot, si saint Roch l'eût rencontré il l'aurait renvoyé à saint Antoine.

Toto était né dans le fourgon d'un saltimbanque qui parcourait les foires en arrachant les dents à la pointe d'un sabre. Son maître le présentait à sa clientèle comme un élève du fameux *Munito,* la gloire scientifique de la race canine. En réalité, Toto était surtout l'élève de ses instincts, et l'habit de marquis dont il était revêtu pour la parade cachait un franc chevalier d'industrie. S'il avait réellement su jouer aux cartes, comme le prétendait son instituteur, il eût été imprudent de faire sa partie. Toto devait tricher.

Toto avait deux ans quand il devint le commensal du *Sabot rouge,* où son maître l'avait laissé en payement d'un écot. Ce ne fut pas sans protestation qu'Héloïse Pampeau avait consenti à recueillir ce nouvel hôte. Sa qualité d'artiste n'était pas une recommandation aux yeux de cette ménagère économe, qui partageait les instincts de défiance répandus dans les campagnes contre la race errante des baladins. Elle dut céder cependant à l'insistance de son mari. Pampeau supposa que les talents acrobatiques et autres dont le caniche était pourvu attireraient la pratique à son cabaret. Pendant deux ou trois dimanches, Toto augmenta en effet les recettes du *Sabot rouge;* mais Eustache ayant négligé de lui apprendre quelques nouveaux tours, une fois qu'il eut épuisé son répertoire, déjà peu varié, Toto, suivant une expression de l'argot dramatique, cessa d'avoir une influence sur l'affiche. N'étant plus, d'ailleurs, excité par l'émulation que font naître le succès et les applaudissements, il renonça officiellement à l'art et rentra dans la nature. — Voici par quelle porte :

Un jour qu'on l'avait chargé de tourner la broche, — besogne dont il s'était acquitté jusque-là avec autant d'adresse que de fidélité, — Toto détourna le rôti; et pour éviter la correction dont on le menaçait, se sauva dans les bois qui environnent Saint-Clair, en emportant le gigot. Il ne rentra au *Sabot rouge* que le lendemain matin, tenant encore dans sa gueule, comme preuve de son crime, l'os du gigot qu'il achevait de ronger. Héloïse l'attacha à un arbre de son jardin, prit un échalas et commença à gourmer le voleur. — L'échalas s'étant rompu avant qu'elle crût la correction satisfaisante, elle en prit un nouveau et recommença à frapper l'animal, dont l'impassibilité persistait à ne pas vouloir accuser réception des coups qu'il recevait. Il poussa à la fin deux ou trois cris que la cabaretière prit pour des excuses. — Elle laissa Toto rompu, mais non corrigé, — car le surlendemain il déroba le pot-au-feu pendant que sa maîtresse avait le dos tourné, et prit la route du bois où il passa la nuit comme il avait déjà fait. Au retour de cette seconde escapade, il alla de lui-même se placer au pied de l'arbre où la première fois il avait été châtié, et se laissa lier pacifiquement par la cabaretière furieuse, dont la colère ne s'était calmée qu'après la rupture du troisième échalas. Elle put croire pendant quelque temps que cette double correction avait enfin corrigé le caniche de sa gloutonnerie. C'était une erreur : Toto n'avait aucunement renoncé à la viande de boucherie ; seulement il avait apprécié le prix auquel on la lui faisait payer, et, trouvant le bœuf trop cher à trois échalas brisés sur ses côtes, il préférait le gigot qui ne lui en coûtait que deux ; ce fut pourquoi, sans doute, il respecta la marmite autant par goût que par économie ; mais la première fois qu'il vit flamber l'âtre et sa maîtresse décrocher la rôtissoire, il se tint sournoisement aux aguets, et, profitant de la minute où il avait échappé à la surveillance, captura le rôti attendu par des ouvriers carriers qui avaient reçu leur paye.

Lorsqu'il revint le lendemain, selon son habitude, ce fut un des carriers, chargé d'exercer la rancune de ses camarades, qui lui administra la correction au-devant de laquelle il allait naturellement, sachant bien qu'il avait un compte à régler. Il reçut patiemment et sans résistance le nombre de coups auquel l'avait habitué l'ancien tarif. Mais la correction s'étant prolongée, Toto protesta contre cette augmentation par des hurlements plaintifs, et ayant réussi à rompre la corde qui le retenait captif sous le châtiment, il se sauva dans le bois, où il demeura, cette fois, plusieurs jours.

Lorsqu'il reparut au *Sabot rouge*, il s'y montra d'une sobriété qui allait jusqu'à l'abstinence, et flairait dédaigneusement, sans y toucher, la pâtée que son maître lui préparait avec une sollicitude particulière. Ce changement ne fut pas le seul qu'on pût remarquer dans ses instincts. Toto, dont la gloutonnerie était égalée par la paresse, et qui passait sa vie, couché en rond, au soleil, ou dans les cendres de l'âtre, renonça subitement à ses goûts de *far niente* et s'accoutuma au vagabondage. Parti dès le matin, il allait on ne savait où pour ne rentrer que le soir, altéré comme le sol en temps de canicule, ou comme son maître en tout temps, portant la langue pendante, l'oreille ensanglantée, ayant l'haleine courte et sifflante, le museau terreux, le lainage de son poil poudreux, rempli de feuilles mortes, de ronces ou d'aiguilles de pin. A peine revenu, il faisait une apparition dans le cabaret, comme pour constater sa présence, lappait précipitamment un demi seau d'eau, et disparaissait aussitôt pour aller rejoindre Pampeau sur le galetas où celui-ci l'avait habitué à venir lui tenir compagnie.

Un écrivain cynégétique, dont l'autorité n'est pas contestée, a prétendu qu'à l'état sauvage tous les chiens sont chasseurs, quelle que soit leur race.

Toto était retourné à l'état sauvage, et, depuis le jour où on lui avait interdit la cuisine du *Sabot rouge*, il avait pris le parti d'aller se nourrir au merveilleux garde-manger que la nature ouvrait à sa voracité dans un rayon de dix lieues.

Il eût d'ailleurs été difficile qu'il échappât à la contagion de braconnage répandue dans un pays où les chats eux-mêmes, renonçant à leurs habitudes sédentaires et dédaigneux du vulgaire butin que leur offre la chasse domestique, vont se mettre à l'affût du gibier que la verte odeur de la plaine attire le soir hors du bois.

Tous les matins, Toto partait pour les taillis, poussait en forêt une pointe aventureuse, et lorsqu'il rentrait au logis, au coucher du soleil, il pesait ordinairement un lapin ou un lièvre de plus qu'au départ.

Pampeau ne devait pas ignorer longtemps la nouvelle profession adoptée par *le marquis,* surnom qu'on vait donné au caniche, sans doute à cause du costume sous lequel on l'avait jadis vu travailler au *Sabot rouge.* Le manége du hardi maraudeur n'avait pu échapper aux gardes du pays, dont les plaintes arrivaient au *Sabot rouge* et menaçaient de se formuler en procès-verbaux.

Effrayé par l'idée d'une poursuite qui entraînerait à des frais, Eustache promit de surveiller son chien. Mais la première fois qu'il voulut l'attacher, Toto rongea la corde et prit sa course. On l'enferma dans la cave, il se sauva par le soupirail. On le mit aux arrêts dans le grenier, il se rappela ses anciens exercices d'acrobate et s'échappa par la lucarne en faisant un saut de vingt pieds. Sa passion pour la chasse lui donnait le génie de l'évasion.

Non-seulement les gardes se plaignaient, mais encore les chasseurs légaux du pays et les braconniers eux-mêmes, à qui Toto faisait concurrence en venant relever le gibier pris dans leurs collets, ou en courant, au temps de l'éclosion, les jeunes volées de perdreaux rouges ou de faisandeaux, espoir de la prochaine ouverture.

LA MAISON DE PAILLE

Un des plus fidèles habitués du *Sabot rouge* était le beau-père du cabaretier lui-même, un vieil ouvrier carrier nommé Cantain, qui depuis son veuvage se prétendait attaqué de la maladie du sable, pour donner un prétexte à sa paresse, et combattait cette affection chimérique par un traitement que la régie des alcools eût sans doute beaucoup mieux apprécié que la Faculté.

Pour l'intelligence de ce qui va suivre, il est nécessaire de remonter de quelques années dans la vie de ce personnage, dont l'histoire sert, pour ainsi dire, de point de départ à ce récit.

Cantain avait épousé une fille de la commune de

Pontisy, située à un quart de lieue de Saint-Clair. Cette fille, nommée *la Roussotte*, sans doute à cause de son teint et de ses cheveux, était alors servante au *Sabot rouge*, chez le prédécesseur de Pampeau. Elle y avait été fort compromise par un garçon appelé Claudet, dont le père était garde du prince de ***, alors propriétaire du château de Pontisy.

Cantain et sa femme n'étaient pas riches ; ils ne possédaient pour tout bien que la maison qu'ils habitaient. Cette méchante masure, dont une tolérance municipale laissait encore subsister la toiture de chaume, si dangereuse en cas d'incendie, s'appelait dans le pays la *Maison de paille*. Elle n'avait d'autre attenance que quatre ou cinq perches d'un terrain sablonneux, dont la culture ingrate était d'un rapport presque nul. Les Cantain n'avaient, en outre, aucun avantage futur à espérer de leurs parents, tous deux étant nés de familles qui, de père en fils, ne laissaient à leurs héritiers que leur ombre au soleil. Ils s'étaient mariés sans amour, et Cantain lui-même n'ignorait pas les propos tenus sur le compte de la servante du *Sabot rouge*.

La Cantain n'était rien moins que jolie ; rousse et marquée de petite vérole, elle offrait le type rustique dans son aspect lourd et quasi difforme, mais elle avait des cheveux pour lesquels une duchesse aurait donné son écrin. Physiquement mieux doué qu'elle, son mari était un grand et vigoureux garçon, dont la force apparente annonçait qu'il appartenait à cette race de bœufs humains asservis nativement au joug des fatigues exceptionnelles. L'union de ces deux êtres qui n'avait été ni une affaire de sentiment, ni une affaire d'intérêt, fut pourtant heureuse. — On avait dit d'eux que c'était la famine qui épousait la misère ; ils donnèrent dès les premiers mois de leur mariage un démenti à ces prédictions, par la scrupuleuse probité qu'ils mirent chacun de son côté dans l'apport des qualités réciproques qui formaient leur unique dot à l'un comme à l'autre.

Cantain trouva dans sa femme une créature active, ne laissant jamais à la mousse le temps de croître dans sa main, selon une locution proverbiale. Économe, sobre, soigneuse d'elle-même et de son intérieur, elle réalisait toutes les vertus domestiques, qui rendent possible l'existence de certains ménages pauvres et déroutent les calculs de l'arithmétique. — Son mari se montra reconnaissant à sa manière du bien-être nouveau qu'elle introduisait dans sa vie. Sans effort, presque à son insu, il modifia certaines rugosités de sa personne et de son caractère. — Sa bouche, habituée à mâcher le juron, en devint moins prodigue. — Bien qu'il eût toujours été laborieux autant par goût que par nécessité, étant garçon, il n'avait pu échapper complétement aux entraînements de l'âge et de l'exemple et passait pour un des meilleurs gobelets de l'endroit, mais à gobelet plein, bourse vide, dit un proverbe qui n'est pas bourguignon.

Cantain cessa de paraître le dimanche au cabaret, et se montra fort indifférent aux plaisanteries que cet éloignement, attribué à la volonté de sa femme, lui attirait de la part de ses anciens camarades. Il passait dans son ménage tout le temps qu'il ne donnait pas à son travail, et, sans chercher à lui donner un nom, il éprouvait un sentiment de plaisir lorsqu'au retour de la carrière, en descendant les chemins de la forêt, il voyait de loin fumer le toit de sa maison. — Sans le remarquer lui-même, il marchait alors d'un meilleur pas qu'à l'époque où il savait ne devoir trouver chez lui que la solitude, et s'il fredonnait encore en marchant quelque refrain emprunté au licencieux répertoire des chantiers, il s'arrêtait instinctivement en approchant du seuil de sa demeure.

La Cantain, dont la nature un peu fière ne s'était pas soumise sans en souffrir à la servitude chez les étrangers, puisait dans le sentiment de sa liberté la jouissance qu'éprouve l'esclave affranchi à supporter des fatigues contre lesquelles il eût prostesté au temps de son esclavage, et qui lui semblent moins pénibles parce qu'elles ne lui sont imposées que par lui-même. Quant au carrier, il n'avait pas tardé à comprendre le bénéfice de la vie régulière, et lorsqu'il comparait sa situation actuelle avec le passé, il ne pouvait s'empêcher de trouver douce la tyrannie de l'ordre.

Une sorte d'affection placide existait dans le ménage et se prouvait quotidiennement entre les deux époux, moins par les paroles que par un échange de bons procédés, dont les étrangers, bien plus qu'eux-mêmes, auraient pu apprécier la délicatesse.

Cantain gagnait soixante dix ou quatre-vingts francs par mois, selon les époques où l'exploitation plus ou moins active de la carrière réclamait un plus ou moins grand nombre de bras. C'était avec ce gain modeste qu'il fallait faire face à toutes les dépenses que comportent les besoins de deux personnes.

Tous les samedis, le carrier remettait à sa femme l'argent qu'il avait reçu pour son travail de la semaine, et se réservait seulement une somme modique destinée à son tabac et à la petite mesure d'eau-de-vie qu'il avait coutume d'emporter au chantier.

A une époque où les récoltes donnaient quelques inquiétudes, il y eut sur les grains une hausse subite. En revenant du marché la Cantain ne put s'empêcher de se plaindre de cet enchérissement qui atteignait le ménage dans une consommation de première nécessité et devenait plus menaçante aux approches de l'hiver. Elle craignait d'être obligée de demander une *taille* au boulanger, et ce petit morceau de bois rayé quotidiennement l'effrayait plus qu'une grosse maladie.

— Farine à crédit fait du pain amer, disait-elle à son mari.

Il existe encore, dans les campagnes de ces probités rétives pour lesquelles devoir et une humiliation, et qui ne la subissent que lorsqu'elles y sont contraintes par les plus impérieux besoins. Pour ces natures lentes à se dépouiller de leurs sains préjugés, la dette dans la pauvreté, c'est une ronce dans un champ de pierres.

Revenant un soir de la carrière, où il avait reçu sa paye, Cantain la remit tout entière à sa femme, et comme elle lui faisait observer qu'il oubliait de garder l'argent nécessaire à son tabac et à son eau-de-vie, il refusa de le prendre.

— Faut se nourir avant de nourir ses défauts, répondit-il, — et tirant de sa besace sa pipe et sa petite fiole à eau-de-vie, il alla les serrer dans un coin de l'armoire.

Cette privation, celle de fumer surtout, devait lui coûter cependant ; c'était son unique plaisir, sa distraction unique, et on renonce difficilement à une habitude, que le temps a naturalisée besoin. Mais si peu coûteuse qu'elle fût, cette habitude occasionnait une dépense, et il n'y a pas de petits chiffres pour les petits budgets. L'argent du tabac et de l'eau-de-vie aidait à rétablir dans celui du ménage l'équilibre dérangé par la cherté du pain. Cependant, les premiers jours, après son repas, Cantain, en se levant de table, tournait machinalement dans la maison avec l'attitude d'un homme auquel il manque quelque chose, et son regard, qui de temps en temps s'arrêtait sur l'armoire où sa pipe était serrée, disait assez de quoi il manquait.

Au chantier, les camarades du carrier n'avaient pas été sans remarquer qu'il ne fumait plus, et cette abstinence, dont celui-ci n'avait pas cru devoir leur expliquer la cause, était devenue de leur part un motif de plaisanterie.

Un des carriers prétendit un jour que c'était la Cantain qui avait cassé la pipe de son mari, parce que l'odeur du tabac lui était désagréable.

Cette supposition, accueillie par de grossiers éclats de rire, fut suivie d'autres propos du même goût, auxquels Cantain paraissait vouloir rester sourd ; assis sur un quartier de roc, il mangeait tranquillement un morceau de pain avec du fromage aigre.

Son mutisme dédaigneux encouragea les agressions de ses camarades, et l'un d'eux, un de ses voisins, nommé Roussel, qui semblait prendre à tâche de faire sortir le carrier de son indifférence, s'avisa de dire, en lui jetant un coup d'œil narquois :

— Bah ! la Roussotte est une délicate qui n'aime pas la pipe parce qu'elle a été habituée à l'odeur du cigare.

Ces paroles étaient à peine achevées, que celui qui les avait prononcées se recula instinctivement de plusieurs pas, comme l'artificier s'éloigne du projectile dangereux auquel il vient de mettre le feu.

Un silence général avait accueilli cette remarque, dont le sens injurieux ne pouvait échapper à personne, puisqu'elle rappelait par allusion, au souvenir de tout le monde, l'époque où la Roussotte était courtisée au *Sabot rouge*, par le fils Claudet, le seul garçon du pays qui fumât des cigares.

Tous les regards des carriers étaient fixés sur Cantain et Roussel, qu'une dizaine de pas séparaient à peine l'un de l'autre.

Cantain s'était levé subitement et tout droit, comme mû par un ressort.

A ce mouvement déjà agressif, Roussel avait encore reculé, et, se trouvant arrêté par un énorme bloc de grès sur lequel étaient posés ses outils, il s'y appuya après avoir eu la précaution de passer la main derrière son dos, et de s'emparer d'un marteau à manche très-court, mais d'un poids de quinze kilogrammes, et qui sert à enfoncer dans le rocher le coin de fer destiné à le faire éclater.

Cette attitude défensive n'arrêta cependant point Cantain, et Roussel, voyant qu'il continuait à s'avancer, éleva sa masse de fer au-dessus de lui dans une position de garde haute, qui allait placer le mari de la Roussotte, s'il faisait un pas de plus, sous la perpendiculaire menaçante du pesant marteau.

Ce dernier pas, Cantain le fit cependant de la même allure tranquille dont il avait fait les autres.

— Prends garde ! lui crièrent ses camarades, pétrifiés par cette sorte d'attention anxieuse qui paralyse les mouvements.

Roussel et Cantain étaient souffle à souffle.

Assurant dans sa main, par une vigoureuse pression des doigts, le manche du marteau dont la masse carrée profilait un angle d'ombre sur le front découvert de Cantain, Roussel lui dit à voix basse :

— Ne me touche pas.

Roussel était de cette race de méchants hargneux qui sont le tourment des faibles. Même dans ses querelles de cabaret, lorsqu'elles se terminaient en lutte, il ne portait jamais le premier coup, et, pour montrer quelque énergie dans ces pugilats grossiers, il fallait qu'il irritât par des injures ses faux instincts belliqueux, passagèrement puisés dans l'ivresse.

En prenant une attitude défensive qui devait rendre toute lutte inégale avec lui, Roussel espérait que le carrier dépenserait sa colère en paroles ou en vaines menaces. Dans le premier moment où, obéissant à un machinal instinct de défense, il s'était emparé du dangereux outil, peut-être en eût-il fait usage pour repousser une agression instantanée. Mais le silence qui régnait autour de lui, la lenteur mesurée des mouvements de son adversaire, l'incertitude où il était sur ses intentions, le dédaigneux défi que celui-ci lançait par les yeux à l'arme mortelle dont son approche était menacée, en alourdissaient déjà le poids dans la main de Roussel, effrayé par l'idée qu'il allait peut-être être mis en demeure de répondre à une provocaton par un meurtre.

Un instant, il pensa à accepter une lutte dans des conditions égales, mais il comprit qu'il ne se relèverait pas vivant d'un combat où il n'aurait pas d'autre arme que son courage ; il se sentait pour ainsi dire le cœur sous la dent de Cantain, dont la figure avait cette effrayante placidité que donne la certitude de la vengeance.

— Que me veux-tu, Cantain? demanda-t-il au mari de la Roussotte, avec une voix étranglée par le râle de la peur.

— Fils du guillotiné, tu es blanc, dit Cantain, je veux te faire rougir.

Et il lui cracha au visage.

Un cri sortit en même temps de toutes les poitrines, et tous les témoins de cette scène crurent voir le terrible marteau s'abaisser pour répondre à la terrible injure.

Roussel n'avait pas bougé ; les paroles de Cantain, et l'acte qui les avait accompagnées, semblaient l'avoir immobilisé. Au moment où il allait frapper Cantain, le souvenir de son père exécuté pour crime d'assassinat avait évoqué dans son imagination une vision rapide, où se mouvait le sinistre appareil de la justice criminelle, et comme ses yeux, perdus dans le brouillard de l'épouvante, erraient vaguement autour de lui, il aperçut sa femme qui se dirigeait vers la carrière, en tenant son enfant par la main. L'enfant montra de loin à son père sa petite marmite dans laquelle il lui apportait son goûter.

Cette apparition acheva de paralyser Roussel, qui réalisait déjà la prédiction de Cantain, car son visage avait passé de l'extrême pâleur à une coloration extrême.

On vit l'artère du bras roidi par une tension fatigante, se gonfler soudainement comme un ruisseau sous l'orage et précipiter à flots bleus dans les veines du col la foudroyante congestion apoplectique qui se répandit bientôt sur la face, où elle injecta les yeux d'un filet pourpre, en même temps qu'elle amenait à la bouche, vainement ouverte à l'aspiration de l'air, la première écume de ce flux sanglant.

Cantain, attribuant à la colère l'état dans lequel il voyait son ennemi, conservait sa position. Solidement arc-bouté sur une de ses jambes, il avait pris une attitude qui lui permettait de tenter une volte rapide pour éviter le coup terrible dont il pouvait se croire menacé. Voyant l'immobilité de Roussel et n'en soupçonnant pas la cause, il ajouta en faisant allusion à l'injure qui venait de souiller son visage :

— Lâche ! faut donc encore que je t'essuie ! Et il leva la main pour le frapper. En ce moment, à travers les mortelles ténèbres qui envahissaient sa vue, Roussel apercevait sa femme entrant dans le chantier avec son fils.

L'attitude agressive des deux hommes lui faisait seulement deviner une querelle ; elle accourut auprès d'eux pour les séparer, accompagnée de tous les ouvriers carriers. Mais avant qu'ils fussent arrivés, la main de Cantain était retombée sur la figure de Roussel, et celui-ci, trouvant un dernier cri dans sa gorge étranglée par l'étau de l'apoplexie, abaissa son bras sur le mari de la Roussotte.

Le lourd marteau échappant à sa main mal dirigée par ses yeux, que voilaient déjà l'agonie, effleura seulement du manche dans sa chute l'épaule de Cantain, et tomba, en rebondissant, sur la tête du petit garçon de Roussel, qui s'était approché, sa petite marmite à la main.

L'enfant s'affaissa sur le sable, et mourut en même temps que son père, tué par la congestion cérébrale.

2.

Une enquête fut ouverte à la suite de ces évènements, et Cantain fut arrêté provisoirement, mais on le relâcha sur la déposition des témoins.

Bien qu'il eût été renvoyé par la justice, l'opinion publique, excitée par la veuve de Roussel, n'en attribua pas moins à Cantain ces deux morts dont la fatalité seule avait été la cause. Elles devinrent le principe d'une répulsion instinctive qui se manifesta contre les hôtes de la Maison de paille et qui devait encore s'augmenter lorsqu'on vit, dans deux autres circonstances, le même hasard intervenir en faveur de Cantain, et l'entourer d'une de ces protections sinistres que la superstition populaire croit achetées par un pacte sacrilége.

Pendant une saison rigoureuse qui avait provoqué le chômage dans les chantiers, la Cantain ayant épuisé toutes ses ressources, vainquit ses scrupules et se décida à recourir au crédit. Sans en instruire Cantain, elle se rendit un jour chez le boulanger de Pontisy. La boulangère n'osa prendre sur elle de lui donner une taille sans le consentement de son mari ; mais lui voyant sur les bras un enfant chétif, elle lui offrit un pain de seigle en lui disant :

— Tiens, prends, c'est pour faire du lait à ton innocent.

— Dieu t'amène le tien sans te faire souffrir ! répondit la Roussotte en regardant la taille de la boulangère, qui était grosse.

Ainsi que l'avait prévu celle-ci, son mari refusa d'ouvrir un crédit aux Cantain.

— Son mari n'a pas d'ouvrage, dit la boulangère; elle a un petit enfant; ça m'a fait de la peine; je lui ai donné un pain.

— Tu as eu tort, dit le boulanger; c'est autant de perdu pour nous.

— Mais ils meurent de faim! répondit la femme.

— Eh bien, qu'ils meurent! ça débarrassera le pays du mauvais monde, répliqua le boulanger, ordinairement humain, mais qui partageait l'animosité commune propagée contre le ménage de la Maison de paille.

Dans le méchant terrain qui entourait leur masure, les Cantain avaient, pendant la moisson précédente, récolté quelques masures de seigle, dont la plus grande partie avait été attaquée de cette maladie particulière qu'on appelle l'ergot. L'ergot est une sorte de superfétation corrompue, de couleur noire, qui s'attache à l'épi. On lui a donné, dans quelques campagnes, le nom de *blé de corneilles,* parce que ces oiseaux s'en montrent très-friands. Lorsque cette maladie a sévi avec rigueur sur une moisson, la récolte est à peu près perdue, car il faut beaucoup de temps et de soins pour opérer le triage de cette ivraie d'avec le bon grain. Oublié, même à petite dose, dans la farine, l'ergot peut rendre l'alimentation malsaine, car il renferme un principe vénéneux qui l'assimile à la famille des poisons végétaux. La médecine l'emploie dans certains cas.

Dans la profonde détresse où elle se trouvait, la Cantain se rappela qu'il lui restait deux ou trois mesures résultant du triage de sa dernière récolte, attaquée par l'ergot, et ne connaissant qu'à demi les propriétés malfaisantes de cette farine avariée, elle résolut d'en faire usage.

— Nous n'avons pas le droit d'être délicats, dit-elle à son mari; pendant que nous mangerons ce pain-là, le bon Dieu nous en enverra peut-être d'autre. — Comme elle faisait ce souhait hasardeux, la boulangère de Pontisy, qui venait d'achever sa distribution à Saint-Clair, entra dans la Maison de paille.

Les Cantain remarquèrent qu'elle n'avait pas arrêté sa voiture devant leur maison, et qu'elle était entrée par la porte qui ouvrait sur la plaine.

— Vous avez peur qu'on ne sache dans le pays que vous êtes venue chez nous, lui dit Cantain.

— Je ne suis pas maîtresse dans mon ménage, répondit-elle; — il ne faut pas m'en vouloir.

— Tu viens peut-être chercher de l'argent de ton pain, dit la Roussotte en rougissant.

— Non, répondit la boulangère. Mon mari est parti en Beauce acheter du blé, — il restera trois jours. — J'ai profité de son absence pour augmenter la fournée de deux miches et je te les apporte. Tu me rendras ça quand tu pourras...

— Merci, fit Cantain avec un geste de refus. Je ne sais pas quand nous pourrons...

— Ton mari pourrait le savoir, et tu aurais des raisons, ajouta la Roussotte en confirmant, avec un geste de reconnaissance, le refus du carrier.

— Ne faites pas les fiers, — c'est pour votre enfant.

— Il nous reste un peu de seigle, fit la Rousotte, entr'ouvrant le sac où se trouvait la farine avariée.

— Ça ? — fit la boulangère avec dégoût ; — mais c'est du blé de corneilles ! — et elle ajouta : On dit que ça fait mourir.

— Bah ! reprit Cantain, — les corbeaux vivent cent ans.

— Écoute, dit la Roussotte en prenant la boulangère à part, — remporte ton pain, mais rends-moi un service. — Je viens de m'apercevoir que si je chauffe mon four, il ne me restera plus de bois pour notre âtre, et mon petit est malade ; prends ma farine et fais-moi du pain avec, je te payerai ta cuisson.

— Ça ne sera pas bon, fit la boulangère.

— Ça vaudra toujours mieux que la faim, répondit la Cantain, et elle ajouta : Fais-moi tout cuire d'une seule fournée, pour que ton mari ne sache pas que tu nous as prêté son four.

— Faudra que je fasse une marque sur tes pains pour ne pas les mêler avec ceux de mes pratiques, dit la boulangère.

— Fais une croix derrière, — la croix de la Passion, — tu sauras que c'est pour nous, répliqua la Roussotte en aidant la boulangère à charger le sac de farine sur ses épaules.

— Et tes pains ? lui dit elle en voyant qu'elle oubliait les deux miches.

— Non, avec ta farine, ce serait trop lourd, répondit l'autre femme émue.

Le lendemain de grand matin, la boulangère était descendue à son fournil pour mettre elle-même à part de la provision quotidienne destinée à ses pratiques, les pains cuits pour la Maison de paille. Elle n'y eut point fait de marque distinctive qu'elle aurait pu les reconnaître à l'odeur particulière que répandait cette pâte corrompue.

— Pour qui donc ces pains-là? lui demanda son geindre.

— C'est pour les chiens d'un chasseur de Saint-Clair, répondit-elle.

— Voilà des chiens qui ne sont pas difficiles, répliqua le geindre; le mien, qui n'est pas gourmand, n'en voudrait pas, même avec du beurre dessus.

Cependant, la boulangère semblait respirer cette étrange senteur avec un singulier plaisir, et ses yeux s'attachaient avec une convoitise presque gloutonne sur cette croûte revêtue par la cuisson d'une chaude couleur bistrée; et plus l'amer parfum pénétrait dans ses narines, plus elle se sentait attirée vers les miches qui laissaient échapper par leur *baisure* une sorte de buée fétide.

Elle éprouvait subitement une de ces envies que rien n'explique, et qui se produisent chez les femmes pendant leur état de grossesse. Ces phénomènes physiques de la gestation se remarquent autant par la bizarrerie des goûts qu'ils font naître que par l'impétueuse promptitude avec laquelle ces goûts veulent être satisfaits.

La boulangère, dès qu'elle fut seule, prit un couteau, éventra un des pains, et satisfit son envie avec une voracité qui la fit retourner trois fois de suite à ce gâteau pestiféré.

Dans le milieu de la journée, les gens de Saint-Clair ne voyant pas arriver leur pain, allèrent à Pontisy où ils apprirent que la boulangère venait de mourir empoisonnée, et en mettant au monde avant terme un enfant mort.

Un mois après sa mort, la superstition populaire attribuait encore cette double mort aux gens de la Maison de paille.

— Ils ont fait mourir la boulangère parce qu'elle leur avait refusé crédit, disait-on.

Peu de temps après la mort de la boulangère, le hasard parut encore rendre les époux Cantain complices d'un évènement qui, en faisant de nouvelles victimes, vint fournir contre eux un nouveau prétexte à la superstition et à la malveillance.

A la suite d'un hiver long et rigoureux, durant lequel les hôtes de la Maison de paille se trouvèrent soumis aux plus rudes abstinences, le chagrin, la misère, le jeûne, ou l'alimentation malsaine, plus dangereuse peut-être, avaient empoisonné le lait de la Roussotte, qui nourrissait encore, et, pareil à un fruit chétif pendu à un rameau où la sève ne pénètre plus, son enfant dépérissait sur son sein tari.

Cependant, pour ces deux êtres condamnés à l'isolement et pour qui l'humanité semblait finir aux murailles de leur étroite masure, ce berceau était la seule consolation où ils pussent puiser assez de courage pour supporter les rigueurs du présent, assez de patience pour attendre les hasardeux lendemains.

Plusieurs fois déjà, quand le chômage livrait son mari à une oisiveté forcée, la Roussotte avait vu passer sur son front l'ombre farouche des mauvaises pensées. Assis le soir devant l'âtre obscur et froid, pendant que les furies de l'hiver ébranlaient son toit maudit, le carrier avait fait souvent un sinistre appel aux malfaisants conseillers du désespoir, et sa femme devinait bien qu'il s'abandonnerait à eux, le jour où leur enfant ne pourrait plus les écarter par son souffle innocent.

Le médecin avait formellement déclaré à la mère que son nourrisson mourrait si elle continuait à l'allaiter, et il ordonnait qu'il fût immédiatement confié aux soins d'une femme robuste et bien constituée.

— Ne tardez pas, dit-il à la Roussotte, il n'est que temps, et c'est un miracle que vous ne l'ayez pas encore tué.

La Roussotte alla vainement supplier toutes les mères du pays qui en ce moment avaient des nourrissons, aucune ne voulut prêter son sein à ce demi-cadavre affamé. Dans le nombre, il en était peut-être quelqu'une à qui ce refus coûtait; mais la mort de Roussel et de son enfant, la fin tragique de la boulangère, étaient restées dans toutes les mémoires, et la crainte superstitieuse étouffait l'instinct de la pitié.

— Les Cantain me donneraient une goutte d'or pour chaque goutte de mon lait, que je ne prendrais pas leur nourrisson; j'aurais peur qu'il n'empoisonne le mien, disait une des femmes de Saint-Clair.

La Roussotte se rappela alors une de ses anciennes amies, sa sœur de communion, mariée et établie, à quatre lieues de Saint-Clair, au village de Larchant. La dernière fois qu'elle l'avait rencontrée, cette jeune femme, récemment accouchée de deux jumeaux, venait d'en perdre un, et son médecin, craignant que son abondance de lait ne lui fût nuisible, lui avait conseillé de prendre un nourrisson.

En se rappelant cette rencontre, la Roussotte pensa que son ancienne amie consentirait peut-être à prendre son enfant, et elle lui porta le petit moribond.

Soit que la fatale réputation des Cantain ne fût pas encore arrivée à Larchant, soit que les souvenirs de leur enfance et de leur jeunesse communes eussent réveillé chez l'amie de la Roussotte une pitié plus forte que le préjugé, elle voulut bien garder l'enfant, qui se jeta avec fureur sur le sein offert à sa bouche avide.

Pendant une semaine la Cantain fit tous les jours huit lieues à travers les plus mauvais chemins qui fussent dans le pays pour aller voir la faible créature que ressuscitaient déjà les soins d'une maternité étrangère.

Le huitième jour, à moitié chemin de Saint-Clair et de Larchant, la Roussotte rencontra le mari de son amie qui lui ramenait son enfant ; une indisposition passagère de sa femme l'avait inquiété, et les révélations malveillantes qu'on lui avait faites à propos des Cantain changeaient son inquiétude en réelle épouvante. Il voyait déjà sa femme et son enfant victimes de la terrible influence des gens de la Maison de paille.

Le médecin de la Roussotte fut ému par l'éclat violent de sa douleur et essaya des représentations auprès des femmes de Saint-Clair qui refusaient le nourrisson ; il alla même jusqu'à leur garantir le payement de leurs soins. Le curé de la paroisse se joignit à lui et fit vainement appel à l'instinct de charité ; tous deux ne rencontrèrent que l'instinct de défiance et d'effroi que toute parole est impuissante à vaincre.

Le médecin et le curé, puisant dans leurs humbles ressources, se cotisèrent tous les deux pour venir au secours du nouveau ménage. Ils achetèrent une chèvre à la Roussotte, et celle-ci eut la joie de voir la bête, instinctivement compatissante, apporter d'elle-même sa mamelle nourricière à la créature humaine repoussée par l'égoïsme humain.

Cependant la mauvaise saison se prolongeait, âpre, désolée, meurtrière pour les êtres et pour les choses. La neige amoncelée sur la neige épaississait chaque jour les plis du linceul où dormait le dieu Pan. Du matin au soir la frileuse émigration des oiseaux du nord ouvrait plus largement son triangle ailé dans les hauteurs du ciel, d'où les cygnes au vol pesant semblaient répandre, en secouant leur duvet, les blancs frimas des contrées boréales.

La forêt, ensevelie sous une couche glacée, était devenue inhospitalière à ses hôtes sauvages. Clamant la faim et la soif, on entendait, la nuit, les troupeaux de cerfs et de biches courir dans les gorges profondes où l'écho multipliait leurs cris. Leur galop effaré ébranlait les plateaux sonores où ils cherchaient vainement la place des abreuvoirs naturels que les eaux pluviales forment dans les creux des rochers. On les trouvait morts au pied des arbres dont ils avaient essayé de ronger l'écorce pétrifiée, ou sur le bord des mares dont la glace épaisse et rayée en mille endroits par la corne de leurs pinces attestait les efforts éperdus qu'ils avaient tentés pour se désaltérer. Poussés par la famine, enragés par la soif, quelques-uns, oubliant leur timidité native, se hasardaient jusqu'au bord de la plaine, où les attirait le souvenir des franches repues de verdure faites dans les premières pousses du blé hâtif pendant les dernières nuits de l'automne. Ils tombaient alors sous la chevrotine du braconnier, qui, agenouillé sur sa limousine, les attendait embusqué derrière un affût taillé dans la neige.

Dans la plaine, silencieux et blanc désert, un simoun glacial, qui semblait sortir par les crevasses du pôle, roulait en tourbillons la poussière neigeuse et l'accumulait dans les chemins rendus impraticables.

Les routes, les sentiers, les fossés, les ravins, tout était comblé à niveau égal. Les mouvements du terrain se révélaient à peine par une ondulation insensible. Les limites du territoire avaient disparu et n'étaient plus indiquées que par les *croix* de pays, où pendait encore, enveloppé de givre, le rameau bénit de la dernière pâque-fleurie. Solitaire emblème de la pensée providentielle au milieu de cette immensité blanche, où le passant pouvait s'égarer, cette croix noire, restée seule visible, semblait être le guide muet qui étendait le bras pour indiquer la voie.

La rigidité toujours croissante du froid, pénétrant dans les entrailles du sol, engourdissait la sève alimentaire des arbres; quelquefois, à l'heure rouge du couchant, lorsque le soleil avait disparu dans un crépuscule frigide, on entendait le tronc des noyers éclater soudainement comme s'ils eussent été frappés par la hache d'un bûcheron invisible. Là aussi, comme dans le bois, régnait la faim destructive. Aucune trace de végétation, pas un brin d'herbe, pas une graine, pas une baie que le vent eût laissée au buisson, pas un insecte. Rien que la glace ou le givre; rien que la neige, nappe uniforme moirée par le souffle des bises, damassée par le piétinement d'un passage d'alouettes ou de grives. Partout la stérilité; partout l'absence de vie, image de la mort. Aucun bruit humain ne s'éveillait au milieu de ce silence des champs, triste comme une veillée funèbre. Seule au fond de la vallée, où la roue du moulin restait immobilisée, la rivière murmurait une sourde lamentation causée par le brisement des lourds glaçons aux piles d'un pont lointain. Sans abri, sans pâture, les animaux les plus prudents se rapprochaient chaque jour de la demeure de l'homme, et venaient, attirés par le besoin, lui demander une dangereuse hospitalité. Le gibier le plus craintif s'aventurait dans les jardins, cherchant un refuge dans les haies de clôture. Le lièvre pénétrait dans les vergers, où sa trace indiquait son gîte au paysan qui le tuait d'un coup de bâton. La perdrix, rasée sous le buisson, se laissait prendre à la main. Les ramiers s'abattaient par milliers dans les carreaux de choux. A chaque coup de fusil qui les décimait, leur bande affamée s'enlevait d'un vol bruyant. Ils allaient se percher sur les branches des pommiers voisins, d'où ils s'envolaient bientôt pour revenir à l'assaut du champ nourricier. On les voyait se rapprocher lentement, les mâles précédant les femelles ; s'écartant avec prudence pour laisser entre eux un passage au plomb, et lui offrant, par instinct, l'épaisse cuirasse formée par le duvet glissant qui protége leur col.

Toute la petite race des oiseaux familiers vivait dans les fermes ou dans les cours des habitations. Rangés en ligne sur le faîteau des maisons, moineaux, pinsons, chardonnerets, verdiers, dormaient côte à côte, roulés en boule et se serrant les uns contre les autres pour s'échauffer mutuellement.

Dès le matin, comme un orchestre qui prélude, toute leur troupe, éveillée en même temps, essayait son fredon plaintif ou joyeux, et commençait aussitôt sa ronde parasite.

Pénétrant en volées bruyantes dans les greniers par les lucarnes, dans les granges par le trou des chattières, ils venaient piller les gerbes jusque sous le fléau des batteurs, jusqu'aux pieds des vanneuses ils ramassaient la graine folle qui s'échappait du van. Instruits par l'instinct à l'heure ordinaire où la fermière appelait les hôtes du poulailler à la pâture, ils formaient un cercle autour d'elle, et, bravant l'éperon du coq et les coups de bec de la poule, ils disputaient le mil ou l'avoine jetés aux poussins.

A midi, noire et vorace vermine de l'air, des corbeaux ayant vainement flairé l'odeur des charognes cachées sous la neige, faisaient une invasion hardie dans les basses-cours, où ils étaient attirés par les chaudes et odorantes buées qui s'élèvent des fumiers attiédis, dans lesquels ils fouillaient avidement, insoucieux de tout piége.

Les plus anciens habitants du pays ne se souvenaient pas d'avoir vu un hiver aussi rude, et tous les indices semblaient annoncer qu'il n'approchait pas encore de sa fin.

Si les libres créatures de l'air et du sol étaient atteintes cruellement par cette rigueur continue, les animaux domestiques, auxiliaires de l'homme, commençaient à en souffrir aussi. Dans l'écurie et dans l'étable où ils étaient à l'abri du froid, le manque absolu d'exercice et le régime échauffant du fourrage sec pouvaient développer des principes de maladie; si les chevaux et les bœufs avaient la nostalgie des fatigues laborieuses, les vaches, les brebis, toutes les bêtes laitières avaient la nostalgie de l'herbe. Repues de pâtures solides, elles détournaient la tête de la mangeoire, et dans leurs mugissements, dans leurs bêlements, elles semblaient demander le pré ras, difficile à tondre, mais où elles savaient rencontrer cependant, ne fût-ce qu'une ortie, quelque aliment encore imprégné des sucs amers de la végétation.

Cette inclémence de la saison devait nécessairement sévir avec une rigueur particulière chez les hôtes de la Maison de paille. En donnant une chèvre à la Roussotte, le médecin fit la réflexion que la pauvre femme ne pourrait peut-être pas nourrir la nourrice de son enfant ; aussi lui donna-t-il une petite provision de fourrage, et, pour en prolonger la durée, il lui avait, en outre, accordé la permission de venir arracher de l'herbe dans les champs qu'il possédait autour de son jardin. De son côté, le curé avait envoyé quelques bourrées.

Ces secours, si faibles qu'ils fussent, avaient été acceptés avec une profonde reconnaissance par les époux Cantain. Mais tous deux avaient refusé en même temps lorsque le curé leur avait fait comprendre que ces secours pourraient se renouveler régulièrement s'ils voulaient consentir à se laisser inscrire au nombre des indigents de sa commune. — A ce titre, leur dit le prêtre, vous aurez droit à une part dans les distributions que le bureau de bienfaisance fait aux ménages pauvres.

La répugnance du carrier et de sa femme demeura invincible.

Il faut le dire à la louange du peuple des campagnes, dont nous n'avons cependant pas l'intention d'entreprendre l'apologie exclusive, mais s'il a des défauts et même des vices nombreux inhérents au manque d'éducation; si le sens moral n'est pas toujours développé en lui autant qu'on pourrait le souhaiter; s'il apporte dans la pratique des affaires des traditions d'habileté voisines de la ruse; s'il attache aux soins de ses intérêts une âpreté nuisible à l'intérêt d'autrui; si sa parole écrite ne vaut guère mieux que sa parole donnée; s'il est grossier souvent, servile quelquefois, il a conservé dans ses mœurs un fonds d'orgueil auquel il faut rendre justice quand on le rencontre.

Dans les contrées même où la misère semble être le seul patrimoine des habitants, le paysan ne se résout pas facilement à recourir à l'assistance publique. Il voit dans cet acte une déchéance de lui-même, et le considère comme une humiliante démission de sa qualité de travailleur. — Entre indigence et fainéantise, il ne fait pas de différence. Toutes les philosophies, toutes les rhétoriques et la rude logique de la nécessité n'entameront pas le granit de sa conviction à cet égard.

Ainsi, dans les cas de querelle, le dernier mot du dictionnaire des injures rustiques est *fainéant*.

Un homme qui aura patiemment supporté les épithètes les plus outrageantes relèvera celle-ci, et eût-il même les instincts les plus opposés au courage, cette offense, pour lui, pareille à un soufflet qui l'envelopperait tout entier, fera bondir sa virilité tout entière.

Pour ces natures primitives, le travail est resté nativement quelque chose de plus qu'une loi sociale, et de plus qu'un devoir, — c'est une sorte de point d'honneur. Dans leur idée, de même que la force est l'attribut de l'homme, la main est son outil, et l'outil doit nourrir l'ouvrier. Aussi formulent-ils avec une grande énergie le mépris que leur inspire celui qui tend un bras valide à la charité officielle. C'est pour eux une lâcheté, pareille à celle du soldat qui se rend les armes à la main. Les infirmités mêmes les plus exclusives du travail excitent plus leur pitié que leur intérêt, et ceux qu'elles atteignent éprouvent une sorte d'embarras, honteux d'être réduits à l'inutilité.

L'âge même ne leur semble pas toujours une excuse de repos. Il n'est pas rare de rencontrer dans les campagnes des vieillards courbés comme le fer de la houe pesante à leur main débile, et qui vont donner la dernière goutte de leur sueur au champ qu'ils ne verront pas jaunir, à la vigne qu'ils ne verront pas vendanger. — Qui les pousse cependant, eux dont la vie est achevée et dont l'épaule est fatiguée par le poids de la besace humaine, toujours pleine de maux ; qui les pousse à quitter ce coin du foyer réservé à l'aïeul, et d'où vient que ces athlètes épuisés retrouvent encore un reste de force lorsqu'ils arrivent au bord du sillon tant de fois fécondé par eux? C'est peut-être qu'ils se sentent la mission de perpétuer par l'exemple cette salutaire pensée que la plus belle attitude d'une créature dans l'humanité est celle de l'homme qui se penche sur son œuvre.

Dans une ville de province ou dans un simple chef-lieu de canton, on ne trouvera pas étrange qu'un ouvrier ayant de la famille sollicite le secours de la bienfaisance publique, ou qu'il aille se faire soigner à l'hôpital en cas de maladie; il n'en est pas de même dans l'intérieur des campagnes.

Aussi, dans le plus misérable village, un homme, si pauvre qu'il soit, sera montré au doigt s'il a envoyé sa femme ou son père à l'hospice, et aux yeux de bien des gens il restera meurtrier et parricide. Si étrange que paraisse être cette exagération, il faut bien la constater, puisqu'elle existe; mais la prison effraye moins les paysans que l'hôpital. En temps d'épidémie, il faut employer la violence pour les emmener aux ambulances cantonales. Eux et les leurs veulent bien souffrir et mourir, mais chez eux, parmi eux. Ils veulent, quand on les portera au cimetière, sentir en chemin, la fraîcheur des noyers qui bordent la route pénétrer leur drap noir. Ils veulent que ce soit la cloche qui a sonné à leur naissance et à celle de leurs enfants qui leur sonne le glas de l'adieu. La mort ne les effraye pas, et cependant le suicide est inconnu parmi eux; ils ne l'appellent ni ne la repoussent; avant Hamlet, ils ont trouvé le *mourir, dormir !* mais ils veulent goûter le repos dans le sol où se trouvent les os paternels; ils reposeraient mal dans la terre de la charité ; aussi, de leur propre volonté, les paysans vont rarement à l'hospice. Peut-être chicaneront-ils au médecin le prix de ses visites, ou l'appelleront-ils tardivement ; peut-être n'observeront-ils pas scrupuleusement ses ordonnances. Il se peut encore qu'ils aient des soins plus actifs pour la bête en gésine, dans leur étable, que pour leur parent ; il arrivera souvent qu'ils souhaiteront intérieurement, et même tout haut, que le malade soit promptement délivré de ses maux si la guérison doit être douteuse ou coûteuse, mais il mourra sous leur toit, ce toit fût-il ouvert aux intempéries du ciel ; dans son lit, ce lit fût-il de paille !

Jusqu'au dernier jour, il aura vécu du moins au milieu des bruits familiers à son oreille ; il aura pu entendre bourdonner ses abeilles dont sa mort doit mettre la ruche en deuil, et hurler plaintivement son chien, inquiet de ne plus le voir. Du fond de son alcôve, à travers les fentes du volet, ses derniers regards auront aperçu des visages connus ; il aura pu voir les enfants du voisinage se signer sur le passage du prêtre apportant l'onction purificatrice, et ce sera une main amie qui aura aidé sa main tremblante à se signer lui-même. — On l'aura enseveli dans un vieux drap usé, troué peut-être, mais marqué à ses lettres, et non dans l'ignoble et banale serpilière ; — il sera mort pauvre, mais non pas indigent.

Plus qu'aucun des gens de Saint-Clair, la Roussotte et son mari étaient répulsifs à l'idée de se mettre, même provisoirement, à la charité, et après le refus qu'ils avaient fait au curé, ils ne pensèrent pas devoir lui faire connaitre que les chétives ressources qu'il leur avait procurées étaient épuisées.

La provision de fourrage n'avait cependant guère plus duré que la provision de bois, et la chèvre commençait à pâtir. A peine la Roussotte pouvait-elle trouver chaque jour une poignée d'herbes gelées, arrachées à grand'peine dans les déblais de neige. — Quant au bois, son mari avait arraché la clôture en lattes qui entourait le maigre terrain situé derrière la Maison de paille. La nourriture était restreinte aux plus impérieux besoins; on eût dit que les murailles de leur masure transpiraient la misère qu'elles renfermaient. — Les oiseaux, si nombreux ailleurs, n'entraient pas dans leur cour, où ils n'avaient pu trouver une semence ou une mie de pain, et ne s'arrêtaient pas sur leur toit. Un petit roitelet qui s'était réfugié dans les bourrées était mort le jour où on avait brûlé la dernière.

Bien que la triste situation du ménage Cantain ne fût pas ignorée dans le pays, elle ne modifia en rien les sentiments d'hostilité dont le carrier et sa femme étaient l'objet. Riches ou pauvres, tous les habitants s'unissaient pour former les souhaits les plus cruels contre la Maison de paille et ses hôtes, auxquels ils attribuaient tous les accidents domestiques qui leur arrivaient. Les enfants eux-mêmes, dont la jeune imagination restait frappée par les récits qu'ils entendaient faire, partageaient cette terreur. Ils faisaient un détour pour ne point passer devant la masure désignée à leur crédulité comme un antre habité par des êtres dangereux, et revenaient en courant sur leurs pas pour éviter une rencontre avec le carrier ou sa femme, lorsqu'ils les apercevaient devant eux dans un chemin. A vingt lieues de Paris, au XIXe siècle, en entendant parler les gens de Saint-Clair, on se serait cru au milieu des sauvages contrées où la croyance aux Loups-Garous et aux jeteurs de sorts est restée traditionnellement un des rudiments de l'éducation populaire.

III

UN COIN DE L'ARCADIE

Après la veuve de Roussel et le boulanger de Pontisy, qui eux du moins avaient une apparence de raison pour expliquer leur haine contre les Cantain, le plus grand ennemi de ceux-ci était un fermier nommé Derizelles.

La haine du fermier Derizelles était particuliérement dirigée contre la Roussotte. Elle datait du jour où celle-ci n'étant pas encore mariée avait quitté la ferme où elle travaillait à la suite de circonstances qui l'avaient obligé de donner sa démission d'adjoint au maire.

Gros, court, la face pulpeuse, rouge et brûlée comme une feuille de vigne aux derniers soleils de l'automne, le fermier justifiait au premier examen la réputation qu'il possédait dans le pays. Il suffisait de le voir une fois pour qu'on devinât en lui le satyre rustique qui existe dans tous les villages et fait pendant au prêteur sur hypothèques. Les deux personnages (ils ne font qu'un quelquefois) résument le double fléau qui ravage les campagnes : la débauche et l'usure.

Marié à une femme qui lui avait apporté toute sa fortune, Derizelles abrégeait sa vie par le chagrin que lui causait sa mauvaise conduite, et s'en excusait cyniquement en donnant l'état maladif de sa femme comme excuse à ses écarts conjugaux. Déjà plusieurs fois il avait dû acheter à prix d'argent le silence des familles compromises par lui, et sur le pavé de Saint-Clair ou de Pontisy grouillait tout un petit monde turbulent frappé à son effigie, et dont l'existence expliquait le sourire qu'il avait de la peine à dissimuler lorsqu'il voyait de nouveaux couples se présenter devant lui à la conjonction matrimoniale.

Piqué sans doute au berceau par une cantharide enivrée des sucs aphrodisiaques du frêne, de tout temps Derizelles avait été ainsi. En quelque lieu et à quelque heure qu'on le rencontrât, si on le fouillait, on était sûr de trouver dans ses poches un assortiment complet d'engins à prendre ou à surprendre le gibier féminin. Pareil à un chasseur qui se sait dans un pays où les alouettes abondent, il ne marchait jamais sans emporter son miroir.

C'était d'ailleurs un homme adroit, ayant étudié son vice et le pratiquant avec art. Lorsqu'il allait dans une foire ou dans un marché, il savait toujours à propos, en tirant son mouchoir ou sa tabatière, laisser tomber quelque bout de ruban, quelque mitaine ou quelque bijou d'un métal douteux, mais d'un éclat positif et attractif comme tout ce qui reluit. Il laissait prendre à la première qui se baissait pour ramasser, ne demandant rien jamais, et se disant suffisamment payé de ce qu'il donnait par le plaisir qu'on éprouvait à recevoir.

En mettant une boucle de chrysocale à l'oreille de la plus innocente fillette, il savait bien que le diable logé dans le creux du métal finirait par lui murmurer un jour :

— Pourquoi ne suis-je pas en or ?

Lorsqu'il attachait un ruban à la taille d'une petite fille qui s'en allait en riant, il savait bien qu'il venait de lui enlacer autour du corps le serpent de la vanité, et que la moins docile à l'instinct de la coquetterie ne manquerait pas à songer que le joli ruban ferait beaucoup mieux sur une robe fraîche que sur un cotillon usé. Si Derizelles était redouté des mères de famille, il n'en restait pas moins, pour les jeunesses du pays, une sorte de *papa gâteau* tenant gratuitement boutique ouverte de menues friandises à l'usage des belles, et c'était ordinairement sous les pommiers de son clos qu'elles venaient faire la première cueillette du fruit défendu.

Obligé à beaucoup de prudence à cause de ses fonctions officielles dont il se montrait fort vain, le fermier s'était habitué à marcher sur les lisières du scandale avec une habileté qui eût obtenu l'approbation des casuistes : il sauvait les apparences.

Lorsque la Roussotte était entrée chez lui comme fille de ferme, bien qu'elle semblât peu attrayante, Derizelles n'en avait point fait fi, et demeura fort étonné de la résistance qu'elle opposait à ses poursuites. Cette résistance, à laquelle il était peu accoutumé, excita le fermier, et la Roussotte, voyant bien qu'elle n'en pourrait pas obtenir la paix, lui demanda son compte un beau jour. — La nuit qui devait précéder son départ de la ferme, Derizelles s'introduisit dans la chambre qu'elle habitait. En le voyant paraître, la Roussotte poussa des cris que toutes les supplications du fermier ne purent apaiser. Elle le menaça même, s'il ne se retirait pas, de jeter sa chandelle par une sorte de lucarne qui donnait dans la grange voisine de sa chambre. Derizelles battit en retraite, mais il était trop tard : toute la maison était accourue aux cris de la Roussotte, et à la suite de cet esclandre qu'il ne put étouffer, le fermier fut invité à résigner ses fonctions.

La perte de son autorité enleva à Derizelles une grande portion de son importance dans le pays. De notable qu'il était, il devint noté, et mal noté. Il ne tarda pas à remarquer que son obésité, qui prenait un caractère magistral sous les plis de l'écharpe fleurdelisée, devenait l'objet de comparaisons potagères depuis qu'il avait perdu le droit de s'en revêtir. Le ridicule, qui a autant de puissance dans les campagnes que dans les villes, avait touché l'ancien adjoint sous l'aile. Derizelles put apprécier le néant des grandeurs. Il connut l'ingratitude. Son garde-champêtre ne le saluait plus et bornait la politesse à le tutoyer; le bedeau ne faisait plus résonner sa masse quand il entrait à l'église, et il ne lui présentait la corbeille de pain bénit que lorsqu'elle avait satisfait à la piété des vieilles femmes et à la gourmandise des enfants. On l'encensait avec une indécision marquée, et, dans chacun de ses prônes, le curé faisait (en latin) des allusions mortifiantes pour lui. Ses administrés, oublieux des chemins qu'il avait fait tracer et de l'abreuvoir qu'il avait fait construire avec leur argent, ne s'informaient plus de sa santé ni de celle de ses vaches.

Après l'avoir obligé à entraver son taureau qui était *malin*, on l'obligea à l'abattre. Des silhouettes grotesques de sa personne illustraient les murailles, accompagnées de légendes où l'orthographe et le respect étaient également négligés. Dans les veillées, une critique rétrospective analysa désavantageusement tous ses actes, et à l'élection suivante, il perdit son siège au conseil municipal.

Derizelles voulut se consoler par la galanterie, mais il trouva les prix de consolation singulièrement augmentés. A la génération naïve qu'il avait connue, succédait une génération instruite du proverbe : «Tout ce qui reluit n'est pas or, » et qui faisait un mince accueil à sa bijouterie foraine.

Pour se rappeler le temps où il exerçait une autorité, dont la perte lui était chaque jour plus sensible, Derizelles avait transporté dans le gouvernement de son intérieur les attitudes importantes et le langage officiel dont il avait contracté l'habitude pendant ses fonctions. Renonçant dans le discours au *je* personnel il y substituait le *nous* collectif. Toutes ses phrases commençaient par des formules administratives, et il ne prenait pas une prise de tabac sans en avoir délibéré.

Chaque matin, il rassemblait *aux ordres* tout le personnel rustique de sa ferme, et en termes pompeux distribuait à chacun les travaux de la journée.

— Par mesure de salubrité, disait-il à la fille de basse-cour, et suivant mon arrêté de l'an dernier, vous êtes invitée à procéder sans retard au curage et à l'assainissement de la mare aux canards.

Les opérations journalières les plus simples étaient aussi solennellement qualifiées. Il appelait ses charretiers *messieurs*, et ne perdait pas une occasion de rappeler à ses subalternes l'ancien pouvoir dont il avait été investi. Au lieu de leur donner ses ordres verbalement, il avait imaginé de les leur communiquer aux moyens d'affiches apposées quotidiennement dans la salle commune. Il pouvait ainsi trouver chaque jour une heure de travail bureaucratique et éprouvait un regain de jouissance à tracer sa signature encadrée dans un somptueux parafe. Malheureusement la plupart de ses domestiques et journaliers ne sachant pas lire, les ordres écrits étaient mal exécutés. Un jour que Derizelles avait affiché un extrait d'un de ses anciens arrêtés, dans lequel il ordonnait la fermeture des colombiers pendant le temps de la semaison, seul dans tout le pays son colombier resta ouvert; et vers la fin du jour, son ancien garde-champêtre vint, le chapeau sur la tête et la chique à la bouche, lui déclarer procès-verbal pour infraction à son propre règlement. Derizelles avait, en outre, fait tapisser la chambre où il habitait avec une collection de tous les actes publics émanés de son règne municipal, et sa femme le surprit un jour se promenant avec mélancolie au milieu de ces vestiges de sa grandeur passée, revêtu de l'écharpe qui en avait été le signe distinctif.

Tous ces vains simulacres étaient impuissants pour combattre la nostalgie de notoriété dont souffrait l'ancien adjoint, et à ses blessures d'amour-propre vint se joindre une plaie d'intérêt non moins douloureuse.

A l'époque où son aventure avec la Roussotte était venue provoquer sa destitution, Derizelles prévoyant déjà la fin prochaine de sa femme, feignait depuis quelque temps une hypocrite rupture avec ses mauvaises habitudes. Si tardif que fût ce repentir apparent, il avait touché la fermière, qui, malgré tout, conservait un fond d'affection à l'homme qu'elle avait choisi pauvre entre tous les riches partis qu'on lui avait proposés. Aussi avait-elle manifesté l'intention de favoriser son mari autant que la loi le permet à une femme quand elle a apporté toute la fortune de la communauté. Mais le scandale donné dans sa maison avait indigné la mourante et modifié ses dernières dispositions. Le jour où mourut sa femme, Derizelles, qui s'écriait douloureusement : Ah ! je perds beaucoup, aurait pu dire plus justement qu'il perdait tout. En effet, il n'était plus guère que le tuteur et le fermier de son fils. Sa tutelle était soumise à la surveillance active d'un conseil de famille, et, au jour de sa majorité, le pupille, conseillé par les parents de sa mère, pouvait se croire quitte envers son père en lui assurant uniquement la provision alimentaire exigée par la loi.

En prévoyance d'un avenir prochain, puisque son fils avait dix-sept ans, Derizelles voulant s'assurer sa reconnaissance future, commença à lui donner une liberté d'existence absolue. Il encouragea surtout chez son fils les penchants que la mère avait combattus pendant son vivant, et, entre autres, le plus absorbant et le plus exclusif de tout travail, la chasse.

Au lieu de faire d'Isidore un second lui-même dans la maison, au lieu de l'initier à l'avance à des intérêts qui devaient un jour être les siens, il développa autant qu'il put le goût de la vie errante et sauvage, sachant que l'habitude en ferait un besoin. Du matin au soir, Isidore était en campagne, le fusil à l'épaule, le carnier au dos. Son père lui avait acheté des armes de luxe et de précision inconnues aux autres chasseurs du pays, et qui faisaient de lui un concurrent dangereux devant le gibier. Il lui avait loué des chasses réservées... Isidore avait une meute formée de bêtes de race, dont on venait de loin lui demander la couverture, qu'il refusait toujours. Son chenil était cité dans le département, où lui-même avait une réputation de fin tireur. Le roi Charles X, qui avait entendu parler de son adresse, et voulant en juger par lui-même, le fit inviter à l'un de ses *tirés* dans le parc de Fontainebleau.

Isidore y fit merveille; aussi le royal témoin de ses exploits lui donna-t-il, comme marque de sa satisfaction, le fusil dont il s'était servi.

Cependant Derizelles fils devenait de plus en plus indifférent à tous les plaisirs et à toutes les distractions de son âge. Il ne fréquentait ni le cabaret ni le bal, et ce rustique Hippolyte, qui ne songeait à aucune Aricie, donnait tout son temps à la chasse ou aux occupations qu'elle entraîne, à l'entretien de ses armes, à l'éducation de ses chiens. Pour qu'il ne fût pas privé de son plaisir par la *fermeture,* son père lui avait loué un étang et une partie de la rivière où il pouvait à toute époque aller tuer le gibier d'eau. Le fermier sacrifiait souvent une partie de sa récolte de fourrage en laissant sur pied ses prés ou ses luzernes pour conserver du couvert au gibier qui abondait nécessairement dans ces remises où Isidore ne laissait pas entrer les autres chasseurs du pays. A vingt ans, hors la chasse, celui-ci ne comprenait pas l'utilité de l'existence; il ne vivait bien qu'en plaine, et ne respirait amplement que dans l'atmosphère chargée d'oxygène des bois.

Les parents maternels d'Isidore vinrent reprocher à Derizelles l'étrange vie que celui-ci laissait mener à son fils. Ils voulaient qu'il fît usage de son autorité pour l'obliger à s'occuper plus utilement.

— De quoi vous plaignez-vous? répondait malicieusement le vieillard. Quand sa défunte mère est décédée, il était chétif et tout malingre comme elle ; on croyait même qu'il ne durerait pas longtemps. Je l'ai laissé vivre comme il a voulu, courant les champs, courant les bois à la pluie, au soleil, au brouillard, par la neige, et le voilà maintenant aussi solide que le long rocher ? — Y voyez-vous du mal ?

Lorsque Isidore atteignit sa majorité, son père lui fit une scrupuleuse reddition de comptes qui n'offrait aucune prise aux sévérités d'un conseil de famille mal disposé.

— Mon cher garçon, lui dit-il peu de temps après, laisse un peu ton fusil, nous avons à causer. Te voici maintenant, de par la loi, maître et seigneur de toi-même, libre de faire tes fantaisies que je n'ai jamais beaucoup contrariées, propriétaire unique de ta fortune que je t'ai fidèlement conservée, comme nos parents ont bien été obligés de le reconnaître. Maintenant, mon garçon, sans te commander qu'est-ce que tu comptes faire?

La réponse d'Isidore fut qu'il ne comptait rien changer à ses habitudes.

Derizelles secoua la tête, alluma sa pipe à un charbon, s'entoura d'un nuage de fumée, et reprit gravement :

— Mon cher garçon, ça peut t'amuser de brûler de la poudre, je ne dis pas non ; mais ça n'est pas un état, et l'homme n'a pas été uniquement mis au monde pour détruire, au contraire. La famille est le lien des sociétés ; tu verras ça dans tous les livres.

— Au chenil, Tambeau, interrompit Isidore en allongeant un coup de pied à l'un de ses chiens qui s'approchait du foyer.

— Je disais donc, reprit Derizelles, que te voici, par exemple, en âge de te marier.

— Je n'y ai jamais songé, répondit Isidore avec une indifférence sincère.

— Ton oncle Louciot y a songé pour toi, et ta cousine Mélie aussi.— Elle est gentille, ta cousine Mélie, et elle a bonne envie de faire prendre l'air aux frusques quasiment toutes neuves que ta chère et défunte mère regrettée a laissées dans son armoire, dit Derizelles en levant son bonnet. Qu'est-ce que tu en penses ? ajouta-t-il.

— S'il vous plaît ? dit Isidore, qui s'était remis à nettoyer la batterie de son fusil.

— Je te demande, continua Derizelles, si un mariage avec ta cousine Mélie serait dans tes idées ?

— Ah ! ah ! dit Isidore avec un mouvement d'épaules dédaigneux. — Mélie ! je n'en dis pas de mal ; elle ou une autre, ça m'est égal. Tenez, si vous voulez, nous recauserons de ça aux bécasses.

Isidore avait l'habitude de désigner les différentes époques de l'année selon les différentes espèces de gibier dont elles amenaient le retour.

Derizelles secoua avec son ongle la cendre de sa pipe, et dit à son fils : « Je te comprends. Tu ne veux pas marier tes beaux écus neufs avec les trois vieux sous de ton oncle Louciot. Tu as raison. »

Chez le paysan de la nature la plus épaisse en apparence, il y a toujours l'étoffe d'un diplomate lorsque son intérêt est mis en jeu. Chez lui, la ruse devient alors un instinct dominateur de tous les autres instincts. Il se passe dans les campagnes des drames et des comédies où la puissance, l'ingéniosité et la multiplicité des moyens employés pour arriver au dénouement étonneraient les imaginations les plus fécondes et les plus variées.

Ainsi, lorsque Derizelles éveillait des idées de mariage dans l'esprit de son fils, ce n'était pas qu'il fût désireux de le voir s'établir prochainement, au contraire.

En encourageant la passion exclusive d'Isidore pour la chasse, il savait le rendre notoirement incapable d'administrer lui-même ses biens. Aussi, à sa majorité, Derizelles fils s'était-il remit tacitement sous la tutelle paternelle, laissant son père traiter à son gré toutes les affaires et lui donnant toutes les signatures que celui-ci lui demandait, sans même regarder jamais les actes qu'il apportait à signer.

Le but secret de Derizelles était donc de prolonger autant qu'il le pourrait le célibat d'Isidore pour conserver le gouvernement de sa maison, qui lui échapperait sans doute dès qu'une femme y serait introduite.

Cependant, comme cette manœuvre aurait pu être devinée par la famille, qui commençait à s'inquiéter de cet état de choses, Derizelles continuait ostensiblement à prêcher le mariage à son fils. Mais tout en lui proposant chaque jour de nouveaux partis, il avait grand soin de mettre en relief, par d'insidieuses restrictions, les servitudes que le mariage impose, et qui naturellement devaient mettre en défiance un garçon habitué à l'indépendance d'action la plus absolue.

Un jour, Isidore étant à la chasse dans une commune voisine, se trouva surpris par un de ces orages d'automne dont la durée se prolonge souvent quelques heures. Comme il s'était mis à l'abri sous une cabane de cantonnier, il fut reconnu par un fermier du pays qui lui proposa de l'emmener se réchauffer et déjeuner avec lui. Isidore accepta, offrant pour son écot un lièvre qu'il avait tué dans la matinée.

Le fermier, qui s'appelait Bodard, avait une fille connue dans le pays sous le nom de *la belle Sophie*, et qui jusqu'ici s'était montrée aussi dédaigneuse auprès des garçons que Derizelles fils se montrait lui-même indifférent auprès des filles.

Sophie Bodard méritait d'ailleurs le surnom qui la signalait à l'attention. C'était une créature d'aspect robuste et vaillant. On l'eût remarquée même dans le pays de Caux, où la beauté des femmes s'évalue avec des poids et des mesures. Les admirateurs de Léonard ou de Raphaël ne se seraient pas retournés, s'ils eussent rencontré Sophie, mais les enthousiastes de Rubens l'auraient respectueusement saluée.

Le beau temps étant revenu, après le déjeuner Isidore quitta ses hôtes et se remit en chasse. Mais il fut distrait, tira mal et ne put rien tuer pendant le reste de la journée.

Lorsqu'il rentra le soir à la maison et qu'il raconta son déjeuner à la ferme des Bodard, Isidore mit dans ce récit une animation qui lui était peu familière et dont Derizelles s'inquiéta instinctivement. Cette inquiétude devint une alarme véritable lorsqu'il apprit que le jeune homme dirigeait de préférence ses chasses sur la commune habitée par la belle Sophie. Il prit secrètement des informations sur Bodard et sa fille, et ses informations n'étaient pas de nature à le rassurer. Sophie passait pour être une maîtresse fille, dont le mariage ferait sans doute une maîtresse femme. Il eut même bientôt la certitude qu'il y avait accord entre Bodard et sa fille pour attirer Isidore chez eux.

— Eh bien, garçon, dit-il un soir à celui-ci, on prétend comme ça, dans le pays, que tu cours après la belle Sophie et qu'elle a bonne envie de se laisser attraper. Sa dot est peut-être plutôt dans sa guimpe que dans sa poche, mais c'est une fille brave, et tu as bon goût. Pour lors, mon garçon, quand faut-il commander les violons?

Isidore ne donna pas grandes explications à son père ce soir-là; mais le lendemain il lui annonça qu'ayant été reçu et nourri deux fois chez les deux Bodard, il avait cru convenable de leur rendre leur politesse en les invitant à dîner prochainement.

— Alors, fit Derizelles, ce sera comme qui dirait un repas d'accordailles.

Isidore ne répondit pas, mais son père comprit bien que c'était une manière de dire oui. Et pendant toute la nuit, il secoua son sac aux ruses pour en trouver quelqu'une qui pût conjurer le danger dont il se sentait menacé.

Afin de prouver à la famille qu'il ne mettait aucun empêchement au mariage de son fils, Derizelles alla d'abord instruire tous les parents des intentions matrimoniales qui s'étaient enfin développées chez Isidore, et les invita tous au repas donné en l'honneur de la belle Sophie, qu'il appelait déjà « ma bru. »

Ce repas, particulièrement en gibier, fut un vrai repas rustique, abondant, bruyant, plein de bonne humeur et de grosse gaieté. Toutes les richesses du dressoir, tous les trésors dont l'exhibition est seulement réservée pour les grandes solennités domestiques se trouvaient sur la table ; il y avait même des fleurs, et Sophie Bodard éprouva quelque étonnement en s'apercevant que le bouquet placé à côté d'elle se composait de plumes de faisan doré : cette recherche était due à la délicatesse d'Isidore Derizelles. Le dessert fut arrosé par des vieux vins qui dataient des meilleures récoltes faites dans le pays. On chanta au café ; Derizelles lui-même voulut dire *la sienne,* et sa voix ne trembla pas, lorsqu'il s'aperçut que mademoiselle Sophie Bodard qui semblait intérieurement marquer la lingerie à son chiffre, tâtait le grain des nappes et des serviettes, et faisait, d'un œil plein de convoitise, le dénombrement de l'argenterie étalée sur la table, pendant que par-dessous, elle jouait au pied chaud avec Isidore, qui se grisait jusqu'à la cravate.

Après le repas, Derizelles père invita son fils à promener Sophie au jardin potager, et quand on fut seul entre parents, on commença à faire des allusions au mariage des *enfants*.

Isidore demeura fort embarrassé en se trouvant seul avec Sophie ; au lieu de la mener au jardin, il la conduisit dans une pièce où étaient ses instruments de chasse. L'un après l'autre il lui montra tous ses fusils, lui citant le nom des fabricants, lui disant les prix qu'ils lui coûtaient ; et comme dans le nombre il se trouvait une arme de luxe venue d'Angleterre et valant bien un arpent, disait Isidore, Sophie laissa deviner dans sa réponse qu'elle aimerait autant voir cet arpent-là au soleil. Après les armes vint l'examen de tous les engins et ustensiles employés par les chasseurs. Isidore montra à la jeune fille ses sacs à plomb, ses carniers, ses poudrières nouveau système : il ne lui fit grâce ni des guêtres, ni des bottes de marais, et s'il ne lui en fit pas compter les clous, c'est qu'il était timide. De la salle d'armes, Sophie dut aller au chenil, et connaissant le proverbe : « Qui flatte le chien flatte le maître, » elle fit beaucoup de caresses à Tambeau, Rustaud, Finaud, qui ne lui témoignaient cependant qu'une bienveillance équivoque, car, à premier flair, ils avaient deviné en elle une personne antipathique à leur race.

Cette antipathie, qu'elle s'efforçait de dissimuler, eut bientôt l'occasion de se manifester dans un mouvement qu'elle ne put retenir. Au moment de se retirer, comme Sophie cherchait son châle, qu'elle avait posé sur un fauteuil dans la chambre du père Derizelles, elle le trouva occupé par une grouillante portée de petits chiens nouvellement nés, et apportés là par son futur beau-père. En voyant son beau châle souillé par la petite famille canine, la coquette paysanne donna un échantillon de son caractère. Isidore crut assister à l'explosion du baril où il serrait sa provision de poudre. En secouant son châle, Sophie jeta à terre les animaux innocents, cause de sa colère, et les chassa devant elle à coups de pied. La lice voyant battre sa progéniture, commença à gronder, et on dut l'emmener pour qu'elle ne s'élançât point sur la jeune fille.

Tel fut l'épisode final de cette réunion de famille qui se termina non sans embarras et sans contrainte de part et d'autre.

Cependant, lorsque Derizelles se trouva seul avec son fils, il essaya de justifier le mouvement d'humeur échappé à Sophie Bodard, en disant que toutes les femmes étaient les mêmes lorsqu'il s'agissait de leurs chiffons, et il finit par une apologie des vertus domestiques constituant la bonne ménagère, et qu'il disait avoir remarquées dans sa bru future; mais Isidore l'interrompit brusquement en lui disant qu'il n'épouserait jamais une femme qui battait les chiens.

— Hélas ! mon garçon, fit Derizelles en levant les bras au ciel avec désespoir, que vont dire nos parents? Mais lorsqu'il fut entré dans sa chambre, il se frotta singulièrement les mains et fit joyeusement sonner le trousseau des clefs de la maison, que pendant un instant il avait craint de voir pendre à la ceinture de la belle Sophie.

Pendant une semaine, Bodard et sa fille attendirent vainement le retour d'Isidore ; — mais le jeune chasseur avait changé ses brisées. — Son père apprit qu'il fréquentait particulièrement le bois de la Fontaine, où les bécasses commençaient à se montrer. Dans ce petit bois, voisin de la rivière, et qui appartenait à Derizelles, celui-ci avait fait établir un lavoir couvert, où les femmes pouvaient laver en toute saison.

— Puisque tu restes le soir à l'affût à la Fontaine, dit-il à Isidore, tu devrais bien ramener la Lizon, qui lave notre lessive. Les chemins sont mauvais, tu conduiras la charrette, que la Lizon me ramènera en morceaux un de ces jours.

La lessive de Derizelles dura autant que le passage des bécasses, et comme Isidore ramenait la charrette les soirs, en compagnie de la Lizon, elle ne fut pas brisée.

IV

LA LIZON

Lorsque par un ingénieux stratagème Derizelles avait fait échouer le projet de mariage entre son fils et la belle Sophie, il avait compris néanmoins qu'Isidore pouvait être repris prochainement d'une nouvelle velléité matrimoniale et que la prolongation de son célibat pourrait bien faire naître des éventualités nuisibles à ses intérêts. Aussi, changeant tout à coup de système, il se résolut à marier Isidore. Mais parmi toutes les filles du pays il n'en trouvait aucune qui répondît au type de bru qu'il s'était créé. Il rêvait en effet pour belle-fille une femme pauvre, isolée, qui devrait tout à son mariage, une épouse-servante se trouvant suffisamment gagée par le don d'un anneau conjugal et qui renoncerait à toutes ses prérogatives d'autorité pour n'être dans le ménage que l'instrument passif des volontés de son beau-père. Ce fut alors qu'il avait songé à une fille de ferme nommée la Lizon et qui remplissait les deux premières conditions de son programme, puisqu'elle était pauvre et sans famille.

La Lizon n'était pas du pays, ni même des environs ; elle était née dans un des départements voisins de la Flandre, dont les habitants viennent, pendant les années d'abondance, offrir leurs services aux grands fermiers de la Beauce ou de la Brie, qui n'ont quelquefois pas assez de bras pour faire leur récolte. Engagée comme journalière par Derizelles, elle n'avait pu retourner dans son pays avec ses compatriotes, ayant été prise par la fièvre de moisson, nom que l'on donne dans quelques campagnes à une sorte de courbature qui succède aux excessifs travaux des champs. Lorsqu'elle s'était rétablie, la Lizon avait demandé à Derizelles s'il voulait la garder dans sa ferme, et celui-ci y avait consenti sans aucune arrière-pensée, et jugeant seulement profitable d'utiliser la bonne volonté de travail qu'il avait remarquée en elle.

A l'époque où les relations établies entre les familles Bodard et Derizelles semblaient indiquer une prochaine alliance entre elles, il y avait deux mois que la Lizon était installée à la ferme. Une circonstance particulière attira sur elle l'attention d'Isidore. Doué d'une grande finesse d'observation, Derizelles avait cru remarquer que sa nouvelle servante manifestait une grande antipathie pour la belle Sophie Bodard, et il s'aperçut que la joie intérieure qu'il avait ressentie lui-même à la rupture du mariage était partagée presque indiscrètement par la Lizon. Vaguement d'abord, et sans idée encore arrêtée, Derizelles avait alors étudié minutieusement le caractère de cette fille. A l'insu d'elle-même il la soumit à des expériences où elle révéla naïvement une de ces natures dociles à recevoir les empreintes qu'on leur donne.

Cependant, comme le mariage d'Isidore avec une servante devait soulever toutes les récriminations de la famille du jeune homme, et comme il comptait lui-même paraître s'opposer à cette mésalliance, pour mettre ensuite un prix à son consentement, Derizelles ne crut pas prudent de s'ouvrir franchement de ses projets à une fille qui aurait pu en compromettre la réussite par une indiscrétion. Il préféra donc abandonner la Lizon et son fils à leur propre initiative, et se borna seulement à leur fournir l'occasion de se rencontrer familièrement. S'il eut d'abord quelques scrupules du singulier rôle qu'il laissait jouer à la paternité, il les apaisa facilement en songeant au dénouement légitime qu'il comptait donner à ce rapprochement naturel.

La Lizon était une fille de vingt-trois ans, ayant cette apparence de cariatide humaine qu'Isidore avait particulièrement remarquée dans la personne de Sophie Bodard. Ainsi, comme Derizelles l'avait bien prévu, les rencontres quotidiennes des deux jeunes gens au bois de la Fontaine, pendant le passage des bécasses, sauvèrent la vie à quelques-uns de ces oiseaux.

Isidore et la Lizon, ayant la conscience que leur intimité clandestine était reprochable, prenaient d'ailleurs les plus grandes précautions pour ne pas se trahir. Sans qu'ils s'en doutassent l'un et l'autre, cette prudence même rendait service à Derizelles. Il pouvait craindre, en effet, qu'un scandale devenu trop évident ne fît voir clair dans son jeu et ne l'obligeât à renvoyer la Lizon avant que celle-ci eût inspiré à Isidore une passion assez vive pour le rendre invulnérable à toutes les remontrances et à toutes les tentatives que sa famille pourrait faire auprès de lui, dans le but de les séparer. — La Lizon, d'ailleurs, n'avait démenti aucune des qualités passives que Derizelles avait constatées en elle. Humble nature, vouée par le sort à la servilité, bien évidemment elle ne voyait dans sa liaison avec Isidore qu'un incident passager dont la durée était soumise aux caprices d'un jeune homme, qu'elle considérait toujours comme un maître. Cependant l'attachement qu'elle éprouvait pour lui n'en était pas moins très-vif, mais Derizelles, qui l'épiait constamment dans ses actes et dans ses paroles, devinait bien qu'au fond de sa pensée elle était résignée d'avance à subir les conséquences de son état de servitude. Quant au sentiment qu'Isidore éprouvait pour elle, l'analyste n'y eût certainement pas découvert toutes les délicatesses qui distinguent l'amour, mais il y eût trouvé toutes les violences qui caractérisent une passion dont l'unique mobile est une insurrection de la nature.

Six mois après leurs premières rencontres au bois de la Fontaine, si Derizelles eût voulu faire acte d'autorité en les séparant, sa volonté eût sans doute été obéie. Aussi dut-il travailler à provoquer chez les deux jeunes gens une résistance dont il avait besoin, puisqu'il comptait en faire l'objet d'une lutte factice, dans laquelle son véritable but était de céder en faisant toutefois ses conditions.

Derizelles s'appliqua donc avec beaucoup d'adresse et de ménagements à faire naître dans les relations de son fils avec la Lizon des incidents qui devaient avoir pour résultat de les attacher plus étroitement l'un à l'autre.

Il commença d'abord par éveiller dans l'esprit de la jeune fille des instincts de coquetterie, auxquels celle-ci s'abandonna bientôt naturellement, lorsqu'elle s'aperçut que les soins nouveaux qu'elle prenait de sa personne étaient remarqués par Isidore, dont le père excitait la jalousie en paraissant croire que la servante se faisait belle pour plaire à quelque garçon du pays. La visible inquiétude qui se trahissait alors chez le fils du fermier vint révéler à la Lizon l'étendue du pouvoir qu'une femme peut, en certains cas, exercer sur un homme. Peu à peu elle prit goût à renouveler des tentatives de despotisme féminin dont le succès faisait chaque jour faire un nouveau progrès à son influence, et l'encourageait dans une voie au bout de laquelle

elle ne devait pas tarder à concevoir les espérances ambitieuses dont Derizelles avait voulu lui laisser l'initiative.

Cependant, lorsque les choses en furent arrivées au point qu'il avait souhaité, c'est-à-dire lorsqu'il eut la conviction certaine que les deux jeunes gens étaient d'accord entre eux, et qu'un mot de lui suffirait pour provoquer le dénouement qu'il avait rêvé, Derizelles s'effraya tout à coup. Après avoir désiré rencontrer pour belle-fille une femme qui lui ferait l'abandon de son autorité, il fit la réflexion qu'une fois mariée, sa bru pourrait bien, avec le temps, accomplir une révolution de ménage pour reconquérir le pouvoir, et ce fut alors qu'il songea à s'en assurer la jouissance par une combinaison dont le résultat devait mettre en sa possession tout ou partie de la fortune de son fils. Mais pour faire réussir cette combinaison, et pour enlever tout caractère de dépouillement à la possession de cette fortune, Derizelles avait d'ailleurs besoin d'un auxiliaire qui eût lui-même un intérêt à le seconder dans ses manœuvres; et voici le moyen qu'il imagina pour intéresser la Lizon à le servir dans ses desseins.

Lorsque celle-ci avait conçu vaguement le projet de pouvoir être un jour la femme d'Isidore, elle ne s'était pas dissimulé les empêchements qu'elle rencontrerait dans sa famille, et, malgré l'empire qu'elle exerçait sur lui, elle craignait toujours qu'il ne cédât aux obsessions dont il était devenu l'objet depuis que sa liaison avec elle était connue dans le pays. Bien qu'elle fût loin de supposer qu'elle avait en Derizelles un auxiliaire de son ambition, la Lizon ne put s'empêcher cependant de remarquer la neutralité tolérante conservée par celui-ci. Elle n'ignorait pas qu'il s'était refusé à appuyer de son autorité personnelle les exigences des parents d'Isidore, qui demandaient que la servante fût renvoyée.

Un jour que l'oncle Louciot était venu faire une démarche à ce propos, Derizelles, se sachant écouté par la Lizon, avait répondu à son beau-frère :

— Si vous tracassez comme ça ce garçon dans ses amourettes, vous êtes capable de l'entraîner plus loin qu'il n'a envie d'aller. Les jeunes gens, voyez-vous, beau-frère, c'est comme les jeunes chevaux qui ont trop de sang : si on tire sur le mors, ils s'emportent ; il faut les mener doucement au guidon.

— Mais, objectait l'oncle Louciot, avec tout ça mon neveu ne se marie point. Cette Lizon est peut-être bien une fine mouche qui le dérange des bonnes idées pour lui en donner de mauvaises. Là, vous m'entendez?

— Si mon fils songeait à faire la folie que vous dites, il trouverait *papa* pour l'en empêcher, fit Derizelles en se frappant la poitrine et élevant la voix pour être mieux entendu de la Lizon qu'il savait être aux aguets. Il ajouta :

— Ni vous ni moi, beau-frère, nous ne pouvons obliger le garçon à se mettre en ménage, si ce n'est pas dans sa volonté. Mais de son côté, il sait bien que s'il voulait épouser une femme qui ne me conviendrait pas pour bru, il serait obligé d'attendre sa grande majorité. En trois ans il passe bien de l'eau sous le pont et bien des idées dans l'esprit d'un jeune homme. Avant qu'il puisse agir sans mon consentement, le temps aurait usé son amusette, à ce garçon.

— C'est égal, insistait Louciot, c'est égal, il serait peut-être plus prudent de renvoyer cette fille. — On a vu des histoires... là... vous m'entendez?

— La renvoyer pour qu'il coure après... Vous n'êtes pas malin, beau-frère, répondit Derizelles. Mais n'ayez donc point de crainte. La Lizon est une vrai bête au bon Dieu ; si elle s'avisait de devenir trop maligne, je prendrais en journée, pour une quinzaine, la fille au père Lebœuf, une rusée femelle qui aurait bien vite décousu Isidore des jupes de la Lizon. — Et comme pour mieux faire pénétrer l'ingéniosité de ce stratagème dans l'entendement de son beau-frère, Derizelles lui enfonça son coude à angle aigu dans l'estomac.

— Je ne dis pas... je ne dis pas, murmurait Louciot mal convaincu; mais tout ça ce n'est pas des moyens bien légitimes.

— Mais, reprit Derizelles, pendant que mon garçon s'occupe de cette Lizon qui n'est pas bien méchante, il ne songe point à s'établir, et conséquemment, de votre côté, vous ne devriez point vous presser de marier votre fille Mélie, à qui Isidore reviendra toujours bien, puisque ces enfants étaient destinés l'un à l'autre par ma chère et regrettée défunte.

Ces derniers mots avaient paru toucher l'oncle Louciot, et les deux beaux-frères s'étaient séparés en assez bonne intelligence.

En rendant la Lizon témoin de cet entretien, Derizelles avait pour but d'éveiller ses inquiétudes et de bien lui faire comprendre que la réalisation des espérances qu'elle avait pu concevoir était soumise à son autorité.

La servante demeura très-alarmée par cette révélation ; malgré l'empire qu'elle exerçait sur l'esprit d'Isidore, elle comprit tout ce qu'il y avait de chanceux à attendre que celui-ci fût maître de sa volonté. Les paroles de Derizelles : « En trois ans il passe bien de l'eau sous le pont et bien des idées dans la tête d'un jeune homme, » l'avaient frappée comme une prophétie d'abandon.

Peu de temps après, Derizelles voulant s'assurer de l'impression que son entretien avec l'oncle Louciot avait produite sur la servante, fit avec elle l'inventaire du linge de la maison, qui avait besoin de réparation, et lui ordonna d'aller retenir la fille au père Lebœuf pour une douzaine de journées.

La Lizon devint pâle comme le drap qu'elle était occupée à déplier. Mais Derizelles ne parut point s'apercevoir de son trouble. Lorsque, le soir, il lui demanda si elle avait fait sa commission, la Lizon répondit que Rosalie Lebœuf avait des journées promises pour quinze jours. Derizelles feignit de croire à ce mensonge, et les quinze jours écoulés, il dit un soir à la Lizon avec qui il se trouvait seul :

— D'après ce que tu m'as dit, ça doit être demain que la fille au père Lebœuf commence ses journées à la maison. On dit que c'est une friande ; tu mettras un peu de porc dans la soupe.

— Nous n'avons point besoin de Rosalie, interrompit vivement la Lizon, et ayant ouvert la grande armoire où l'on serrait le linge, elle ajouta : J'ai fait là-dedans plus de reprises qu'il n'y a de grains d'orge dans un boisseau.

— Quand donc que tu faisais cette besogne ? Je ne t'y ai point vue, demanda négligemment Derizelles.

— Je prenais sur mes nuits pour ne point faire de tort à mon travail de la journée, répondit la Lizon ; et elle ajouta, comme pour aller au-devant d'un reproche de désobéissance : Ça vous aura toujours épargné les journées de Rosalie, sans compter qu'elle est une forte mangeuse.

— On le dit, fit Derizelles. Mais c'est égal, tu aurais pu ne pas te donner cette peine. Ce n'est pas dans nos conventions que tu travailleras la nuit.

— Un peu plus de besogne ou un peu moins qu'est-ce que ça fait, quand on n'est pas fainéante ?

— Tu es laborieuse, économe, bonne ménagère, j'apprécie tes qualités, murmura Derizelles ; aussi, je te l'affirme, ce ne sera pas sans regret que je te verrai partir d'ici, parce qu'on sait ce qu'on quitte et on ne sait point ce qu'on prend.

En entendant ces paroles, qui semblaient présager un congé, la Lizon laissa tomber à terre la soupière qu'elle était en train d'essuyer.

— Ah! s'écria-t-elle en se baissant pour ramasser les morceaux et déguiser son trouble, ne me grondez pas... je la payerai sur mes gages.

— Assieds-toi là, dit Derizelles en lui indiquant un escabeau au coin de la cheminée, et il ajouta :

— Lizon, ma fille, j'ai deux mots à te dire. Tu es la bonne amie de mon fils, et tu lui travailles l'esprit pour te faire épouser. Ne dis pas non ; je connais ton jeu comme si je t'avais choisi les cartes. Et fixant sur la la servante interdite un regard qui semblait pénétrer jusqu'au fond de sa pensée, il ajouta en posant sur sa poitrine ses cinq doigts largement ouverts : La main là-dessus, Lizon, est-ce que tu aimes mon garçon?

— Ah! fit la Lizon avec un cri de conviction, pour ça, oui, bien sûr !

— Eh ! eh ! fit Derizelles, tu n'as pas mauvais goût, et Isidore a de quoi se faire aimer : c'est un des plus gros propriétaires du pays.

— Malheureusement, interrompit la Lizon.

— Comment dis-tu ça? Souhaiterais-tu donc qu'il fût pauvre ?

— Je dis malheureusement pour moi.

— Alors, Lizon, ma fille, une supposition qu'au lieu d'être le maître de tout son bien, Isidore ne serait qu'un serviteur de la maison, comme toi-même tu n'es qu'une servante, tu l'aimerais autant ?

La Lizon inclina la tête en signe d'assentiment.

— On dit ça parce qu'on ne peut pas dire autrement, murmura Derizelles avec défiance. Mais si mon fils était privé de fortune, ou qu'il eût seulement la moitié de moins qu'il a, ça ferait peut-être bien du changement.

— Ah! fit la Lizon avec tristesse, je sais bien que je ne peux pas vous faire croire...

— A quoi? à ton désintéressement? Dame, ma fille, c'est que c'est un peu dur; une jeunesse qui arrive comme ça dans une maison où il y a du bien, ça prête à bien des suppositions... — Le monde est méchant, tu sais. — Si tu avais encore un brin de dot.., mais tu n'as rien, pas vrai?

— Vous le savez bien, monsieur Derizelles.

— Et tu n'as rien non plus à attendre de ta famille?

— Je n'ai plus de parents, je vous l'ai déjà dit.

— De façon que si tu t'en allais d'ici, tu ne saurais pas trop où aller?

— J'irais à la grâce de Dieu...

— Eh! fit Derizelles en secouant la tête, les belles filles comme toi, c'est plutôt le diable qui leur montre leur chemin,

A ces paroles, qui semblaient lui pronostiquer pour l'avenir une vie honteuse, misérable peut-être, la Lizon porta la main à ses yeux comme pour retenir le jet de larmes qui s'en échappait, et, entraînée par un mouvement qu'elle ne put retenir, elle se jeta aux genoux du fermier en s'écriant :

— Ah! je vous en prie, ne me renvoyez pas.

Le douloureux accent de cette prière révélait à Derizelles la sincérité d'une passion dégagée de tout calcul. Il comprit que la Lizon était à sa merci et que le moment était venu où il pouvait, sans courir de risques, lui faire connaître à quelles conditions il donnerait son consentement immédiat à son mariage. Feignant alors d'être ému par la propre émotion de la jeune fille qui était restée à ses pieds, le fermier la releva paternellement.

— Eh bien, non! on ne te renverra pas, s'écria-t-il! Ecoute, Lizon, je vais te confier un secret. J'ai le désir que tu sois ma bru. Qu'est-ce que je demande d'abord? le bonheur de mon fils. Eh bien, prouves-moi que tu l'aimes autrement que pour sa fortune, et au lieu d'attendre trois ans, — trois ans, c'est long, ma fille, — dans trois mois tu seras la femme d'Isidore.

— Mais quelle preuve puis-je vous donner? demanda la Lizon.

Derizelles s'expliqua nettement, clairement et avec lenteur, pour bien se faire comprendre.

En échange du consentement qu'il donnerait au mariage de son fils avec la servante, il voulait qu'Isi lui fît une donation de la moitié de sa fortune et de ses biens, et c'était la Lizon elle-même qui devait suggérer au jeune homme l'idée de cet abandon dans une circonstance que Derizelles se réservait de faire naître.

Proposer un pareil marché à une femme moins éprise et moins désintéressée que l'était la maîtresse de son fils, était chose difficile et dangereuse à la fois; mais ce danger n'existait pas avec la Lizon qui était au contraire heureuse de pouvoir donner aussi facilement une preuve de son désintéressement. Cependant, craignant que la jeune fille n'éprouvât quelque scrupule à provoquer Isidore à un acte qui le dépouillerait d'une partie de son bien, Derizelles lui fit habilement comprendre que celui-ci ne perdrait rien à l'abandon d'une moitié de sa fortune, puisque cette moitié devait lui revenir un jour par héritage. En outre de cette condition capitale, le fermier exigea de sa confidente un secret absolu sur l'intelligence qui existait entre eux, et il n'eut point de peine à la persuader de la nécessité de cette discrétion.

— Et d'abord, dit-il, comme aux yeux des parents d'Isidore et comme aux siens mêmes je dois paraître opposé à ce mariage, il faut, à compter de demain, que toi et moi nous vivions comme chien et chat. Et après avoir expliqué à la Lizon le caractère de l'antagonisme apparent qui devait exister entre eux dans leurs rapports journaliers, Derizelles lui traça longuement un plan de la conduite qu'elle devait tenir avec Isidore, pour le disposer graduellement à accueillir l'idée de se déposséder au profit de son père.

Cependant, au moment où Derizelles s'assurait le concours d'un auxiliaire obéissant et intéressé à faire réussir ses projets, il se produisit une circonstance qui menaça un moment d'en compromettre la réalisation.

Chaque année, au carnaval, des jeunes gens du

pays formaient entre eux une mascarade, passant en revue tous les individus des deux sexes qui, dans le cours de l'année, avaient offert quelque prise à la malignité publique. Ceux qui organisaient cette procession satirique s'efforçaient à rappeler dans leurs déguisements une ressemblance grotesque avec les victimes désignées par le jury de la médisance villageoise. Bien longtemps avant le mardi gras, les esprits aristophanesques de l'endroit se réunissaient pour composer une sorte de complainte explicative, servant de légende à la caricature, et qui était répétée le soir au bal masqué. Comme, chaque année, chacun avait le droit à la réciprocité, si vives que fussent ces plaisanteries, elles étaient généralement acceptées par ceux mêmes qui en faisaient les frais. Cet usage n'entretenait peut-être pas positivement l'amitié entre les habitants de l'endroit où il se pratiquait ; mais, dans toutes les conditions où il se trouve, l'homme éprouve une telle satisfaction à rire des infirmités ou des faiblesses de ses semblables, que l'autorité n'avait jamais pu parvenir à détruire cette coutume. C'est surtout quand un usage est mauvais qu'il se perpétue. D'ailleurs, en France, il est difficile et même dangereux d'attenter aux franchises de l'ironie ; et si la langue française est aussi répandue en Europe, c'est peut-être parce qu'elle est méchante.

Le fils Derizelles était peu aimé à Saint-Clair. Son caractère sournois, sa persistance presque dédaigneuse à se tenir à l'écart des jeunes gens de son âge, avaient créé entre eux et lui un commencement d'antipathie, qu'il envenima maladroitement en faisant dresser des procès-verbaux aux chasseurs surpris sur ses terres, ou en dénonçant des braconniers à la vigilance des gardes.

Le parti féminin dont il avait repoussé les séductions, unissant ses rancunes à celles des garçons, il fut un jour décidé que Derizelles fils payerait au prochain carnaval son écot à la vieille tradition de moquerie. On le représenta en effet vêtu en costume de chasseur ridicule tenant en laisse une meute composée de tous les chiens errants qu'on avait pu réunir dans le pays, et qui traînaient attachés à leur queue de vieilles casserolles et des tessons de vaisselle. Derrière lui marchait déguisé en femme un garçon dont le costume rappelait celui de la Lizon, qui avait conservé à Saint-Clair les modes de son pays. Pour mieux représenter la servante dont la taille était très-élevée, il s'était huché sur des échasses et dirigeait Isidore, qu'il conduisait en laisse, en le frappant avec un long fouet dont les lanières étaient figurées par une paire de jarretières. On n'avait eu garde d'oublier un défaut physique qui prêtait naturellement à la caricature. Derizelles fils avait une épaule un plus haute que l'autre. Cette imperfection, grotesquement exagérée, était devenue une montagne formée avec des étoupes.

Aucun des traits grossiers de cette personnalité brutale ne fut perdu pour les spectateurs, et le couple Isidore-Lizon eut les honneurs de la mascarade.

Derizelles fils rencontra le cortége au moment où

on faisait bisser dans la complainte le couplet qui le concernait, et dans son Sosie, qui lui présenta ironiquement les armes, il reconnut un jeune ouvrier carrier du pays nommé Cantain, qui non-seulement était le principal acteur dans cette épigramme en action, mais qui en était encore l'auteur.

Si rustre qu'il fût d'enveloppe et d'intelligence, cette brutale parodie atteignit profondément Isidore dans sa vanité, le seul point resté sensible sous sa triple couche d'abrutissement. S'il conçut contre Cantain, qui venait ainsi de le livrer à la risée publique, une de ces rancunes dont la violence s'augmente avec l'impossibilité de la satisfaire, il rapporta chez lui un vif dépit contre la Lizon. Comme les jeunes gens que la faiblesse de leur caractère destine infailliblement à subir un joug quelconque et qui sont quelquefois pris d'un accès d'indignation contre leur servilité, Isidore fut pris soudainement d'un accès d'indépendance, et il manifesta assez brutalement à la Lizon l'intention de rompre une liaison qui attirait le ridicule sur sa personne.

La Lizon alla tout effrayée conter ce qui se passait à Derizelles. Celui-ci s'en émut d'abord. Tout le succès de sa combinaison reposait sur l'influence que la servante exerçait sur l'esprit de son fils. Si celui-ci parvenait à se dégager, Derizelles comprit qu'il perdait tout moyen d'action sur lui. Cependant il se rassura bientôt et rassura en même temps la Lizon. Bien qu'il fût un psychologiste peu subtil, il connaissait assez le caractère d'Isidore pour deviner que celui-ci ne persévérerait pas longtemps dans ses projets de rupture.

— La chose est prompte à dire, mais non pas à faire, dit-il à la Lizon ; il faut qu'il t'épouse.

— Ah ! fit la servante sérieusement inquiétée, il est bien loin d'y penser maintenant. Je crois plutôt qu'un de ces matins il va vous demander de me renvoyer.

— Ta, ta, ta, fit Derizelles ; et s'apercevant que la Lizon avait les paupières rouges : D'abord, lui dit-il, s'il s'aperçoit que tu te mouilles les yeux, ça ne le fera pas revenir à toi, bien au contraire. Je t'ai dit que tu serais ma bru ; un homme d'honneur n'a que sa parole. Isidore t'épousera ; c'est aussi sûr que si tu avais sa bague au doigt.

— Mais que faut-il faire ?

— Tout ce que je te dirai.

Pour donner un caractère public à son affranchissement, Isidore commença à se montrer très-assidu au bal du pays, et il y fit ostensiblement une cour grossière à quelques jeunes filles dont la réputation de sévérité était plus que contestée. Il fut néanmoins accueilli avec un dédain ironique, dont il s'irrita d'autant plus que la Lizon, feignant d'accepter la liberté qui lui était laissée, se montrait, de son côté, fort accessible aux galanteries dont l'entouraient les garçons du village.

Isidore avait compté, comme on dit vulgairement, qu'elle allait courir après lui, et lui fournir ainsi, en la traitant avec rigueur, l'occasion de démentir la servilité que la mascarade du mardi gras lui attribuait dans ses rapports avec elle.

Laissée à ses propres instincts, la Lizon eût peut-être agi ainsi, mais en obéissant aux habiles conseils de son futur beau-père, elle ne devait pas tarder à reconquérir l'influence, un moment compromise, qu'elle possédait sur Isidore.

Quel que soit le milieu où elle habite, la passion reste la même partout ; elle peut, selon le caractère des individus, varier dans les nuances, mais dans le fond elle est immuable.

Ainsi Isidore, qui eût peut-être persévéré dans sa détermination de rompre avec la Lizon si celle-ci lui avait publiquement donné quelque marque de faiblesse, commença à s'alarmer sérieusement en voyant que celle-ci demeurait fort indifférente à l'indifférence qu'il lui témoignait. Ramené auprès d'elle par le dépit autant que par l'habitude, au bout d'un mois Isidore en était déjà aux tentatives de rapprochement. Sous son épaisse enveloppe, la Lizon était encore assez femme pour comprendre quels avantages elle pouvait retirer de sa position.

Il lui en coûtait, cependant, d'avoir à dissimuler la joie que lui causait ce retour. Mais dès que Derizelles en avait constaté les symptômes, il lui avait ordonné de se maintenir dans une attitude rigoureuse, qui devait avoir pour résultat d'amener la passion du jeune homme jusqu'aux dernières limites, et les conseils de son futur beau-père lui avaient trop bien réussi pour que la Lizon essayât d'agir selon sa propre volonté. Sa rigueur tenante eut le résultat qu'en avait attendu le fermier. Isidore, se livrant tout entier, offrit un soir à la servante de lui signer une promesse de mariage pour l'époque où il serait définitivement maître de sa personne.

— D'ici à trois ans, vous aurez bien le temps de changer d'idée, et, après ce qui s'est passé, j'ai le droit d'être défiante, lui dit la Lizon.

Armée de cette défiance apparente, elle écouta avec une grande froideur toutes les protestations que lui fit Isidore pour la convaincre de la sincérité et de la durée de ses sentiments. Il trouva dans cette occasion une sorte d'éloquence sauvage qui faillit plus d'une fois faire sortir la Lizon du rôle qui lui était imposé. Pressée par le jeune homme, elle lui posa alors nettement ses conditions.

— J'ai résolu, lui dit-elle, de ne plus rien être pour vous, à moins d'être votre femme.

— Puisque je te le propose! interrompit Isidore.

— Je ne veux pas attendre trois ans, répliqua la Lizon. Le mariage ne peut avoir lieu qu'avec le consentement de votre père. Je vous donne trois mois pour obtenir ce consentement. Si dans trois mois votre père n'a pas dit : « Oui, » je quitte la maison, j'irai dans un pays où je ne sois pas compromise comme je le suis dans celui-ci, et où je pourrai peut-être m'établir.

— Mais, demanda Isidore, tu ne tiens donc pas à moi, que tu peux me dire tranquillement ces choses-là ?

— Si vous avez réellement le désir de m'épouser, répondit-elle évasivement, vous saurez bien trouver un moyen de faire consentir votre père. Arrangez-vous pour cela, vous avez trois mois.

Isidore secoua la tête négativement, et la Lizon courut annoncer à Derizelles la proposition qui venait de lui être faite.

— Je te disais bien qu'il y viendrait de lui-même, dit celui-ci. Maintenant que le clou est planté, nous allons l'enfoncer.

Lorsque la brouille d'Isidore avec la servante avait été connue, toute la famille du jeune homme s'était réjouie de cet incident comme d'une délivrance. L'oncle Louciot surtout, persuadé que la présence de la Lizon dans le pays était la cause de l'éloignement que son neveu montrait pour sa fille Mélie, pensait bien que le départ de la jeune fille amènerait entre le cousin et la cousine un rapprochement qui aurait un mariage pour conséquence. Aussi demeura-t-il étonné d'abord, puis inquiet ensuite, lorsqu'il vit que, malgré la rupture, la Lizon continuait à rester à la ferme. Cette inquiétude, partagée par toute la famille d'Isidore, devint une alarme véritable quand on s'aperçut, à l'air triomphant de la Lizon, qu'elle avait reconquis toute son influence sur son amant.

L'oncle Louciot comprit qu'il avait été joué par son

beau-frère. Il prit son neveu à part et lui fit un long discours pour le mettre en défiance contre la conduite de son père. Tous les parents, l'un après l'autre, vinrent à son aide, et essayèrent de faire partager au jeune homme les soupçons qu'ils avaient eux-mêmes sur l'administration de Derizelles. Tous leurs efforts ne purent pénétrer l'épaisseur de son intelligence. La vie isolée d'Isidore, en l'écartant des habitudes et des rapports sociaux, avait peu à peu annihilé ses facultés morales déjà peu développées, et fait de lui une sorte d'être sauvage chez qui la réflexion devenait une fatigue. On crut plus facilement pouvoir l'indisposer contre son père en lui rappelant quelle avait été la conduite de celui-ci avec sa femme ; mais les sentiments de famille n'existaient déjà plus chez Isidore qu'à l'état de tradition confuse. Le seul souvenir qu'il eût conservé de sa mère, c'est qu'elle avait retardé le moment où il avait pu se livrer sans obstacle aux instincts de sa nature, tandis que c'était, au contraire, à son père qu'il devait la liberté dont il jouissait, et qui était au monde la seule chose à laquelle il tînt.

Au nom de toute la famille, l'oncle Louciot se résolut alors à faire une tentative pour arracher Isidore à la double domination de son père et de la Lizon. Il alla consulter un homme de loi pour savoir si les circonstances ne pouvaient pas fournir matière à une demande en interdiction ou tout au moins motiver la formation d'un conseil judiciaire. La réponse fut peu satisfaisante. L'interdiction, qui ne pouvait être prononcée qu'après une enquête ayant constaté des actes d'imbécilité, de fureur ou de démence, et l'exercice exclusif de la chasse et le goût du célibat n'étaient pas considérés par la loi comme des motifs qui dussent amener la privation des droits civils. Quant à la formation du conseil judiciaire, il n'y avait pas davantage urgence à requérir cette mesure; un fils avait à tout âge le droit d'abandonner à son père l'administration de ses biens et de sa fortune.

V

ISIDORE

Derizelles eut par hasard connaissance des démarches faites par la famille de son fils, et il en fit un prétexte pour frapper sur l'imagination de celui-ci un coup de vigueur qui aurait pour résultat de précipiter le dénouement de toutes ses manœuvres.

— Écoute, mon cher garçon, lui dit-il un soir, il y a du nouveau.

— Quoi?

— Nous allons nous quitter.

— Nous quitter? fit Isidore qui sauta sur sa chaise.

— Oui, garçon, cela est devenu nécessaire pour ma tranquillité.

— Qu'est-ce qui vous tourmente? n'êtes-vous pas bien ici?

— On n'est vraiment bien que chez soi, répondit sentencieusement Derizelles.

— N'y êtes-vous pas, chez vous?

— Eh! non, mon cher garçon, je suis chez toi. Je sais bien que tant que nous ne serons que nous deux, tu ne me trouveras pas de trop dans la maison, et qu'il ne te viendra jamais à l'idée de regarder si j'ai la bouche plus grande que la miche, ou de compter mes pipes de tabac. Mais comme tu as le cœur sensible, tu finiras toujours bien par te marier un jour, et un de ces matins il va venir ici, amenée par notaire, une belle fille attifée de ses vingt ans, qui mettra ta volonté dans sa poche, une *madame je veux* qui ne te laissera pas t'endormir sur la nappe quand tu reviendras le soir bien fatigué de la chasse, et qui te prouvera clair comme un louis d'or neuf qu'un père qui n'a pas de bien à laisser à ses enfants est une charge pour eux.

— Mais, interrompit Isidore, qui n'avait jamais bien compris clairement la situation que la loi faisait à son père, vous avez toujours bien...

— Rien que ton amitié, et pas ça avec, répliqua Derizelles en faisant claquer l'ongle de son pouce sur une de ses dents; et prenant sous le manteau de la cheminée un de ces tubes de chanvre soufré qui servent d'allumettes, il ajouta en regardant son fils : Tu vois, par exemple, ce brin de paille; eh bien, une supposition que tu aurais mauvais cœur, tu pourrais m'empêcher de le brûler; la loi t'y autorise.

— Mais, fit Isidore en secouant la tête et en battant

le sol avec son pied, comment! comment!... puisque vous êtes mon père... Comment que cela se fait donc tout ça?

— Ça se fait, je te l'ai déjà dit, mon cher garçon, ça se fait que ta chère et regrettée mère, que j'honore, ne m'a laissé que le souvenir de ses vertus.

— J'entends bien, j'entends bien, fit Isidore en hochant la tête. Mais la mère aurait dû songer..., car enfin, vous étiez son mari...

— Mon garçon, dit Derizelles avec un admirable accent de conviction, faut être respectueux pour la volonté des morts. Ta mère, d'ailleurs, avait la tête un peu faible dans les derniers temps, et peut-être a-t-elle cédé malgré elle aux conseils de sa famille, qui n'a jamais été bien disposée pour moi. En ce moment même, tes parents ne voient pas d'un trop bon œil que tu ne te mêles pas des affaires et que tu m'en laisses la conduite. Mon beau-frère dit des choses mortifiantes pour ma probité; il a consulté un homme de justice, à ce que j'ai ouï dire. Moi, vois-tu bien, mon garçon, tout ça m'ennuie. Pour lors, je vais boucler mes guêtres et tirer le pied pour aller dans un autre pays.

— Dans un autre pays! répéta machinalement Isidore. Pourquoi faire?

— Pour avoir la paix, d'abord; et puis, mon garçon, comme je te le disais tout à l'heure, on ne sait pas ce qui peut arriver entre nous, et il faut que je prenne souci de mon avenir. Si j'étais caduc et impotent de mes membres, je ne m'en inquiéterais pas ; mais je suis encore actif, j'ai à peine cinquante ans. A cet âge-là, la vie d'un homme n'est pas finie. C'est pourquoi j'ai l'idée de m'en aller faire de la culture en Amérique, où je ferai peut-être fortune, comme ton parrain, qui a gagné un million dans les bois à sucre. Seulement, pendant que tu es encore le maître de disposer de ton bien, je te prierai de me prêter un millier d'écus pour acheter des outils et pour payer mon embarquement.

Si Isidore ne se rendait pas clairement compte des raisons qui pouvaient obliger son père à le quitter, il comprenait encore bien moins les paroles habilement significatives qui accompagnaient l'emprunt paternel.

— Comment donc que vous dites cela ? Pendant que je suis encore maître de mon bien ? Est-ce que je n'en serai pas le maître tant que je vivrai ? demanda-t-il avec une visible inquiétude.

— Si tu me promettais d'être discret, mon cher garçon, fit Derizelles avec une solennité qui devait éveiller la curiosité de son fils, je te dirais bien quelque chose ; mais je te connais, tu vas crier, et ça n'arrangera point tes affaires, au contraire.

Isidore ayant protesté de sa discrétion, Derizelles lui apprit alors les démarches faites par l'oncle Louciot, et, abusant habilement de son ignorance en matières judiciaires, il lui laissa entendre qu'on pourrait peut-être obtenir contre lui un jugement de remise en tutelle. Pour mieux frapper l'imagination du jeune homme, il lui cita l'exemple d'un garçon des environs que sa famille avait fait interdire, et il exagéra volontairement les conséquences de l'interdiction en en faisant non-seulement une privation des droits civils, mais une privation totale de l'exercice des moindres volontés.

— Vois le fils Faucheux, disait-il à Isidore, c'était pourtant un garçon bien aimable : il avait de l'éducation qui avait coûté cher, et il avait lu tant de choses dans les livres qu'on pouvait l'interroger sur n'importe quoi, il trouvait réponse à tout. On ne peut donc pas dire que c'était un imbécile. Cépendant, dans l'interrogatoire, on a trouvé le moyen de lui poser des questions pernicieuses qui l'ont embarrassé. On a trouvé qu'il achetait trop souvent des robes à une demoiselle de la ville, et on lui a nommé un conseil. Ainsi, voilà un jeune homme qui a sept ou huit bonnes mille livres de rentes, et qui ne peut changer une pièce de cent sous sans demander la permisson à un tas de notaires. Quant à la demoiselle, continua Derizelles en appuyant sur ses paroles avec une apparente intention, tu entends bien que le fils Faucheux n'en a plus entendu parler. C'est donc pour te dire, mon garçon, que lorsque je serai parti il faudra faire un peu attention à toi, si tu ne veux pas te trouver dans le même cas. Une supposition qu'on viendrait t'interroger, comme tu n'as pas beaucoup le maniement de la parole, tu répondrais peut-être de manière à faire croire que tu as l'esprit obscur. Si on te demande des renseignements sur tes marchés, sur tes ventes, sur tout ce qui compose l'administration, et que tu répondes uniquement : « A la Saint-Rémy, perdreaux sont perdrix, » on dira : « Voilà un jeune homme qui se fait du tort à lui-même. Il ne sait pas jouir de sa fortune utilement, il compromet son bien, et dans son intérêt comme dans l'intérêt des gens à qui son bien et sa fortune pourraient revenir, s'il venait à décéder célibataire, faut lui nommer un conseil pour le diriger. » Voilà ce qu'on pourrait dire, voilà ce qu'on dirait, mon garçon, acheva Derizelles, qui faisait du Code civil un tambour sur lequel il battait la générale pour effrayer la crédulité de son fils.

— Mais, exclama celui-ci, puisque vous les administrez, mes biens, on ne doit pas être inquiet là-dessus.

— Eh! mon Dieu! que tu as donc la tête dure! reprit Derizelles ; puisque je te dis que c'est parce que ta famille suspecte mon administration que je m'en vas. Je te parle pour quand je serai parti, et, avant de partir, je te donne des conseils paternels comme c'est mon devoir ; ainsi, par exemple, mon cher garçon, tu seras sans doute obligé de renvoyer ta Lizon. Ton amitié pour elle ne flatte pas la morale. Je l'aurais déjà bien renvoyée de moi-même, mais je ne suis pas chez moi, et elle me l'a bien fait sentir, cette fille. Tu lui as donné une chaîne en or, et tu as attaché une montre à répétition à la chaîne ; tu me diras que tu as le moyen de faire des honnêtetés ; mais ça fait causer dans le pays, et la Lizon a tort de mettre sa chaîne pour aller à l'herbe. Tu lui as acheté un bonnet de nuit avec des dentelles comme il n'y en a bien sûr pas aux rideaux de la sous-préfecture ; c'est bien joli ; seulement la Lizon devrait bien ne pas le mettre le jour. Mais tu me diras à ça que la coquetterie était le plus gros pepin que notre mère Ève a trouvé sous sa dent quand elle a mangé la reinette du diable. Eh bien, n'en faut pas plus long que cette chaîne et pas plus lourd que ce bonnet pour qu'on dise que la Lizon est nuisible. Tant que tu seras le maître, je sais bien que les propos te seront indifférents ; mais la présence de cette jeunesse dans la maison n'en est pas moins un motif qu'on peut faire valoir pour obtenir contre toi un jugement pareil à celui qui a privé le fils Faucheux de l'exercice de sa volonté, et si on réussit, tu entends bien que la première chose qu'on fera sera de renvoyer ta Lizon.

— Tonnerre ! fit Isidore en abattant violemment son poing sur la table, je ne suis donc pas libre d'avoir une servante et de l'avoir à mon goût !

— Une servante ! fit Derizelles en secouant la tête, c'est plutôt le contraire qu'il faudrait dire. Moi, si j'ai un conseil à te donner, pour avoir la paix avec ta famille, c'est de prendre femme et de renvoyer la Lizon, qui t'empêchera toujours d'en trouver une tant qu'elle sera ici. Dame, reprit-il après un moment de silence, je sais bien que ce sera une perte pour la maison. J'ai manié bien des domestiques dans ma vie, je n'ai jamais rencontré une créature aussi intelligente, aussi active, aussi intéressée du bien de son maître et aussi soumise que cette fille-là. Depuis six mois, c'est quasiment elle qui fait tout marcher ici. Elle s'est imaginé d'apprendre à lire, elle écrit aussi lisiblement qu'un employé du cadastre et elle compte aussi juste qu'un percepteur. On ne peut pas la rencontrer une minute à rien faire, et elle ne peut pas voir un accroc dans un vêtement sans qu'il lui pousse une aiguille au doigt ; elle est propre comme un chaudron neuf, et avec ça donc, plaisante de caractère, toujours de bonne humeur, une chanson ne lui coûte pas plus cher qu'un coup de soleil au bon Dieu. Une vraie femme, une bonne pâte de nature enfin. Aussi toutes les bêtes l'adorent. Est-ce pas Tambeau, mon garçon ? interrompit Derizelles en flattant le chien favori de son fils qui se détirait voluptueusement les membres devant le feu. Est-ce pas que la Lizon est une bonne fille ? Ah ? quand elle n'y sera plus, tu t'en apercevras plus d'un fois au bouillon borgne de ta soupe. Et comme au nom de la servante, Tambeau avait joyeusement remué la queue, le père d'Isidore ajouta, en tirant doucement les longues oreilles du chien : C'est qu'il comprend, cet animal ; il comprend pourtant qu'il fera une perte aussi. Et posant en un seul mot le total des qualités et des vertus de la Lizon, Derizelles murmura, comme s'il se fût parlé à lui-même :

— Ah ! si cette fille-là avait une dot, ce serait un trésor pour un homme ; mais aujourd'hui les hommes qui ont des écus veulent une femme qui leur en apporte encore, et ceux qui n'en ont point sont encore plus exigeants; comme si l'ordre et l'obéissance n'étaient pas la meilleure richesse d'une ménagère... Aussi, continua-t-il avec un accent de commisération, cette pauvre Lizon n'a-t-elle guère de chance de se trouver pourvue, car ce n'est pas le certificat que tu pourrais lui donner qui lui fera trouver un mari dans ce pays-ci, et si cette fille tourne à mal quelque jour, dame, entre nous mon garçon, ce sera un peu par ta faute.

Si peu familier qu'il fût avec l'exercice de la réflexion, Isidore devait être frappé par ces dernières et significatives paroles. Dans ces circonstances, elles devenaient, en effet, une provocation directe à sortir du mutisme dans lequel le jeune homme s'était obstinément renfermé depuis le jour où la Lizon, lui faisant des conditions, l'avait mis en demeure d'obtenir de son père un consentement à leur mariage immédiat. Malgré la sauvage passion qu'il éprouvait pour elle, et bien qu'il crût à la menace qu'elle lui avait faite de le quitter si au bout de trois mois il ne l'avait épousée, Isidore n'avait pu trouver dans sa volonté assez de force pour entreprendre une lutte avec l'autorité paternelle. Persuadé de l'impuissance des efforts qu'il pourrait tenter, il restait dans cette situation, comme un homme arrêté par un mur à pic dont l'escalade est impossible. Si Derizelles l'eût sommé de renvoyer Lizon, sous peine de se retirer lui-même, Isidore eût certainement laissé partir son père pour conserver la servante auprès de lui. Mais là expiraient les concessions qu'il était disposé à faire à celle-ci, et lorsqu'elle lui demandait quand il solliciterait le consentement nécessaire à leur union, il se bornait à lui répondre :

— Jamais mon père ne voudra. Attends que je sois libre de ma volonté, je t'épouserai.

Cette résistance obstinée d'Isidore contrariait singulièrement les projets de Derizelles, qui ne pouvait pas, en effet, mettre un prix à une chose qu'on ne lui demandait pas. Il fut donc obligé de renoncer à ses premiers plans. Une ruse nouvelle fut ourdie d'accord avec la Lizon. Il fut convenu d'abord que le fermier aurait avec son fils un entretien, dont l'unique but était de lui laisser comprendre qu'il se montrerait disposé à consentir à son mariage au cas où il en ferait la demande. Cette demande faite et le consentement obtenu, la Lizon devait agir à son tour.

En écoutant le discours paternel, dont chaque mot avait été pesé à l'avance, la seule pensée qui s'était dégagée nettement dans l'esprit d'Isidore, c'est que le départ de son père, auquel il croyait sérieusement, pouvait le livrer à sa famille, et, comme le fils Faucheux, dont la dolente figure avait été habilement évoquée à ses yeux, il se voyait déjà dépossédé de son bien et soumis à la rigide dépendance de ses parents, dont le premier acte de volonté serait de le séparer de la Lizon, pour laquelle sa passion sauvage était arrivée en ce moment au paroxysme.

Aussi, lorsqu'il entendit son père aborder le chapitre des qualités et des vertus ménagères de la servante, Isidore, se rappelant que quelques jours seulement le séparaient du terme que celle-ci lui avait fixé, fit un héroïque appel à toutes les puissances de sa volonté et demanda à son père l'autorisation d'épouser la Lizon. Derizelles, qui depuis un moment regardait son fils comme le chasseur regarde la pièce de gibier qu'il vient de tirer, leva les bras au ciel et feignit un profond étonnement.

— Comment, mon garçon, fit-il après un court silence, tu serais véritablement dans ces idées-là ! Mais cette Lizon est plus pauvre que la besace d'un gueux.

Comme il s'y attendait bien, Isidore combattit une à une toutes ses objections avec les arguments que lui-même avait employés précédemment. Cependant, comme il craignait que son fils, en le trouvant trop promptement facile, ne recherchât la cause de cette facilité, il dut pour la forme feindre une sorte de résistance.

— Écoute, mon garçon, lui dit-il, je ne veux retirer à la Lizon aucune des qualités que je lui ai reconnues avant de savoir que tu songeais à elle : ton caractère, tes goûts, ton insouciance de tes intérêts nécessitent absolument dans la maison la présence d'une femme intelligente, active et zélée. Un mariage aura ceci de bon pour toi, que ta famille n'aura plus aucun prétexte pour te tourmenter : puisque si tu es inhabile à administrer ton bien, tu auras une femme pour te remplacer. Tu pourras vivre à ta guise, disposer de ton bien, personne n'aura rien à y voir. Voilà les avantages que tu pourras tirer de ta nouvelle position, sans compter que tu auras la satisfaction intérieure d'avoir fait œuvre d'honnête homme et donné des gages à la morale en épousant une fille dont la réputation est compromise par ta faute. Mais il ne faut cependant pas exagérer la probité. En réalité tu n'es tenu à rien envers la Lizon. On ne se marie pas pour un jour. Ne regretteras-tu pas plus tard d'avoir uni ta destinée à une fille qui sera peut-être mal considérée dans le pays à cause de... Enfin, le monde est méchant, et on n'oubliera pas ce que la Lizon aura été avant d'être ta femme. Es-tu bien sûr que ton affection pour elle te fera résister à toutes ces tracasseries ? Es-tu bien sûr, fit Derizelles avec insistance, que son affection pour toi est dégagée de tout calcul intéressé ? Je ne dis pas que cela soit, mais cela peut être, et tout le monde le dira ou le pensera, ajouta le fermier, qui n'éveillait pas sans dessein cette idée de défiance dans l'esprit de son fils, et qui observa avec plaisir que celui-ci semblait s'y arrêter.

— Dans la circonstance, reprit-il, il est de mon devoir de te mettre en garde contre les entraînements de la passion. Ainsi donc, mon cher garçon, réfléchis, médite, la chose en vaut la peine. Je pourrais, en usant de mon droit, refuser mon consentement à ce mariage. La Lizon n'est pas la bru que j'avais rêvée. Mais si tu crois cependant qu'elle te rendra heureux, je ne me consolerais pas d'avoir été un obstacle à ton bonheur. L'idée de ton contentement fera la consolation de mon exil.

— Comment ! fit Isidore, vous nous quitteriez?

— Ah ! plus que jamais ! exclama Derizelles ; car tu comprends bien que je ne pourrais pas, sans me compromettre, rester dans une maison dont la maîtresse aurait été ma servante... Non, non. Elle prendrait trop sa revanche.

Sur les dernières paroles de ce discours, prononcé avec une onction paternelle, Derizelles serra cordialement la main de son fils et le quitta en l'engageant à éfléchir.

Comme il en avait tous les soirs l'habitude avant de remonter chez lui, le fermier alla faire un tour dans son écurie et dans son étable, où il trouva la Lizon occupée à donner à boire aux bestiaux et fort inquiète de connaître le résultat de son entretien avec son fils. Après lui en avoir raconté tous les incidents, Derizelles lui donna ses dernières instructions sur le rôle qu'elle devait jouer auprès d'Isidore pour obtenir de lui la concession qui était le but de toute cette diplomatie.

— Si tu sais t'y prendre, lui dit-il, tout peut être convenu ce soir, signé demain, et dans un mois on t'appellera madame.

La Lizon se dirigea aussitôt vers la pièce basse où Derizelles avait laissé son fils.

Elle trouva le jeune homme à demi accroupi sous le manteau de la cheminée et se livrant à un monologue intérieur dans lequel il repassait toutes les observations qui venaient de lui être adressées par son père relativement à son projet matrimonial. Par leur nature même, ces observations ne pouvaient qu'encourager Isidore à persévérer dans ses idées. Son mariage avec la servante aurait pour conséquence inévitable de le brouiller avec sa famille, mais il le mettait en même temps à l'abri des persécutions dont il croyait son célibat menacé. Son père le quitterait! mais cette sépation ne lui causait plus qu'un souci médiocre, puisque son père avait déclaré lui-même que la Lizon était en état de diriger sa maison et d'administrer son bien. Nature taillée dans un bloc de pur égoïsme, Isidore était prêt d'ailleurs à tout sacrifier à la satisfaction des instincts qui le dominaient. Avant tout, et à quelque prix que ce fût, il voulait assurer la sécurité de sa vie, l'indépendance de ses actions. Parmi toutes les hypocrites raisons que son père, feignant de désapprouver ses projets de mariage, avait mises en avant pour paraître l'en éloigner, une seule arrêtait l'esprit d'Isidore et pinçait douloureusement la fibre de sa vanité : c'était la supposition que la Lizon l'épousait uniquement par intérêt. Il était depuis cinq minutes plongé dans le bain glacé de la défiance, lorsque le chien Tambeau, qui était couché à ses pieds, flaira l'approche de la servante et poussa un jappement joyeux qui fit relever la tête à Isidore. Il aperçut la Lizon debout devant lui ; son attitude était grave.

— J'ai à vous parler, dit-elle.

— Moi aussi, j'ai à te parler, répliqua Isidore avec

vivacité en attirant la jeune fille sur la chaise posée en face de la sienne au coin de l'âtre, dont il ranima la flamme à demi éteinte.

— Et d'abord, fit-il avec un emportement presque farouche, m'aimes-tu, seulement, toi? Es-tu bien sûre de m'aimer? Pourquoi m'aimerais-tu? Je ne suis pas beau, je n'ai pas d'esprit, je suis lourd, brutal, je ne sais ni chanter, ni danser. Je n'aime pas à rire, ni à causer. Je sais ce que toutes les filles du pays disent de moi, et ce qu'elles disent tu dois le penser.

Pris subitement d'un doute sur la sincérité de l'attachement de sa maîtresse, Isidore, qui, dans le dialogue, ignorait l'art des nuances et des transitions, posait les questions comme on donne un coup de poing. Devant cet interrogatoire furibond, la Lizon demeura d'abord interdite. Son silence exaspéra Isidore, qui s'attendait sans doute à quelque véhémente protestation de tendresse. Tout l'orage de passion amassé par la résistance que lui opposait la Lizon depuis deux mois éclata soudainement. Il se mit à marcher à grands pas dans la chambre, heurtant les meubles du pied, frappant du poing sur les murailles, mêlant l'injure aux reproches, les supplications aux menaces.

— Voyons! s'écria-t-il en faisant un retour offensif vers la servante, presque terrifiée par cette irruption de colère, voyons! parleras-tu, race du diable!

— Il est enragé, murmura la Lizon effrayée.

— Enragé! oui! parce que tu m'as mordu, tu m'as mordu là! tiens, là! ajouta-t-il en écartant sa veste et en frappant de la main à l'endroit du cœur sur sa robuste poitrine.

— Voyons, fit la Lizon sérieusement alarmée, qu'avez-vous? Qu'est-ce que vous voulez?

— Donne-moi à boire! j'étrangle, fit Isidore se laissant tomber sur une chaise, comme épuisé de ses propres violences. Et comme le chien Tambeau, instinctivement inquiété par ces accès du fureur, s'était approché et lui léchait une de ses mains qu'il laissait pendre, Isidore l'envoya brutalement rouler d'un coup de pied.

La Lizon, qui s'était levée pour aller chercher de l'eau, en remplit un verre qu'elle présenta à Isidore.

— Voyons! lui demanda celui-ci après avoir bu d'un seul trait; ça t'amuse donc de me voir dans cet état-là?

La Lizon, chez qui depuis un moment l'émotion avait succédé à l'effroi, répondit en montrant les grosses larmes qui ruisselaient le long de ses joues.

— Tu pleures et tu ne m'aimes pas! Comment arranger cela? dit brièvement Isidore, revenant à ses doutes.

— Qui vous dit que je ne vous aime pas? J'en supporte pourtant de bien dures à cause de vous, répondit la servante. Quand je suis venue ici, j'étais honnête fille. Maintenant toutes les murailles du pays injurient mon nom, et le pavé du chemin se soulève de mépris sous mes pieds. Aussi j'en ai assez de cette vie-là. Demain je demanderai mon compte à votre père et je m'en irai d'ici.

— Tu t'en iras, fit Isidore devenu blême.

— C'est nécessaire, répliqua la Lizon avec un accent plein de résolution.

— Mais moi, je ne veux pas tu t'en ailles ! reprit Isidore en serrant avec violence le bras de sa maîtresse. Écoute ! tu ne sais pas ce qui se passe ?

— Je sais ce que vous allez dire ; ce soir, en venant par hasard dans la cuisine, j'ai entendu votre conversation avec votre père.

— Tu as entendu jusqu'au bout ?

— Jusqu'au dernier mot.

— Alors tu sais que mon père consent à ce que je t'épouse ?

— Je sais aussi que le jour où je deviendrai sa bru, il est résolu à quitter sa maison et le pays. Vous appelez ça un consentement, vous? fit la Lizon en haussant les épaules. Écoutez, reprit-elle, nous marier ensemble dans ces conditions-là, ce serait allumer nous-mêmes le feu de notre enfer. Pour que je vous rende heureux dans votre ménage, il faudrait que je sois heureuse moi-même, et je sens que je ne pourrais pas l'être en me sachant décriée par tout le monde.

— Quand tu seras ma femme, le premier qui dira un mot !... fit Isidore avec menace.

— Eh bien, voilà justement pourquoi je ne veux pas vous épouser, répliqua la Lizon. Tout ce que votre père vous disait tout à l'heure m'a fait réfléchir. On me méprise maintenant, on me haïrait si j'entrais dans votre famille pour y apporter la discorde entre elle et vous. Quand on saura que j'ai refusé d'être votre femme, et qu'on me verra quitter le pays, alors on ne pourra plus dire ce que disait votre père, ce que vous croyez vous-même en ce moment, ce que vous croiriez toujours, parce qu'on ne se lasserait pas de vous le répéter; on ne pourra point dire que je vous ai aimé à cause de votre fortune.

Dans tout ce que lui disait la Lizon, Isidore ne comprenait qu'une chose : c'est que le désintéressement qu'elle manifestait donnait un démenti aux instincts de cupidité que lui attribuait Derizelles, et auxquels il avait cru lui-même.

— Ah! s'écria-t-il en l'étreignant dans ses bras, si mon père pouvait t'entendre, comme il reviendrait sur les mauvaises pensées qu'il a eues!

— Si votre père m'entendait, répondit la servante en se dégageant, il ne me croirait pas sincère. Les paroles ne prouvent rien, ce sont les actes qui prouvent. Et rentrant sur le terrain où elle devait poser la question. — Cependant si vous le vouliez, dit-elle, peut-être y aurait-il un moyen de persuader à votre père que je ne suis pas ce qu'il suppose et que mon affection pour vous est étrangère à votre bien.

— Quel moyen? fit Isidore.

— Vous savez quelle est la situation de votre père, reprit la Lizon ; il ne possède rien, et il parle d'aller à l'étranger pour y gagner sa vie ; à son âge, c'est dur de quitter son pays et sa famille.

— Mais je ne le renvoie pas! C'est lui qui veut s'en

aller... D'ailleurs, mon père est encore jeune; il est industrieux, et peut-être aura-t-il le temps de faire fortune là-bas!

— Faire fortune! fit la Lizon avec un accent de doute. Tenez! je suis précisément d'une province d'où beaucoup de gens sont partis pour aller aux îles. Ceux qui partaient riches en revenaient pauvres; ceux qui partaient pauvres n'en revenaient pas. Vous ne savez donc pas ce que c'est que ces pays-là? des pays où il y a une peste qui vous fait mourir tout jaune, et des serpents qui vous font mourir tout bleu, sans compter tous les autres animaux sauvages!

— Ah! fit Isidore avec une subite convoitise, comme on y doit faire de belles chasses!

— Et voilà tout ce qui vous vient à l'esprit quand vous savez que votre père peut se trouver exposé à tant de dangers! dit la Lizon presque indignée par cet égoïsme. — Mais, ajouta-t-elle en lui secouant le bras avec force, vous ne l'aimez donc pas, votre père, hein?

— Mais si; je l'aime bien, puisque c'est mon père, répondit Isidore du même ton avec lequel il aurait dit à son chien : Apporte!

— Eh bien alors, pour vous, pour vos parents, pour tout le monde, pour moi-même, surtout, que votre père soupçonne de mauvaises intentions à son égard, et qui n'en ai que de bonnes, il faut l'empêcher de partir. S'il veut nous quitter, c'est qu'il lui répugne de rester dans une maison où il ne se sentirait plus le

7

maître et où il pourrait croire qu'on le garde beaucoup plus par contrainte que par bonne volonté. Je comprends bien toutes ces inquiétudes, elles sont naturelles ; mais elles disparaîtraient sans doute si votre père était sûr d'avoir, après votre mariage, une existence indépendante, s'il possédait enfin un bien qui fût à lui. — Ces paroles dites, la Lizon attendit un moment, espérant peut-être qu'Isidore lui épargnerait la difficulté de la proposition en allant au devant de lui-même ; mais celui-ci parut manquer d'initiative. Jusque-là, tout en se sachant riche, il n'avait qu'imparfaitement compris quelle était, en matière d'intérêt, sa véritable situation vis-à-vis de son père ; mais, en la lui expliquant, Derizelles avait développé chez son fils l'instinct de la possession, qui avait engendré celui de la cupidité.

— Écoute, Lizon, dit Isidore après avoir réfléchi : Mon père m'avait demandé de lui prêter mille écus pour s'embarquer. Eh bien, s'il veut rester avec nous, au lieu de lui prêter ces mille écus, je les lui donnerai ; il me les rendra quand il voudra, ajouta-t-il naïvement.

— Vous ne m'avez pas compris, Isidore, répondit la Lizon. Il ne s'agit pas d'une humiliante aumône, qui blesserait votre père, mais d'un acte de justice qui réparerait l'oubli de votre mère. Il faut abandonner à votre père une moitié de votre bien.

Cette proposition, nettement articulée, fit faire au jeune homme un haut-le-corps très-prononcé.

— Ne serez-vous pas encore assez riche de la part qui vous restera? dit la Lizon.

— Mais, non, répliqua Isidore. Mais, non; je serais au contraire plus pauvre de celle que j'aurais donnée.

— La servante, qui ne s'attendait pas à cette résistance, commençait à s'en alarmer sérieusement.

— Ah! dit-il, vous n'êtes pas un bon fils, vous ne seriez ni un bon mari ni un bon père; car si vous avez une grosse fortune, vous avez un bien petit cœur! Vous n'aimez que vous!

— Et toi! ajouta le jeune homme, sans protester autrement contre cette accusation d'égoïsme.

— Vous dites que vous tenez à moi? Vous ne le prouvez guère, puisque vous me refusez la première chose que je vous demande.

— Mais ce que tu me demandes, c'est la moitié de mon bien, de notre bien, du bien des enfants que nous pourrons avoir. Quand on entre en ménage, on n'est que deux, d'abord, mais on doit s'attendre à se trouver davantage, et il faut être prudent, fit Isidore, qui, après avoir supposé un moment que la servante voulait l'épouser par intérêt, trouvait maintenant qu'elle exagérait trop son désintéressement.

Derizelles n'avait pas été sans prévoir les objections que son fils pourrait faire; aussi, dans la prévision de celles-ci, avait-il armé la Lizon d'un argument pour les combattre.

— Eh bien, dit la servante en répondant à l'allusion

faite aux conséquences naturelles du mariage, est-ce qu'à la mort de votre père, le bien dont vous l'aurez laissé jouir pendant sa vie ne vous reviendra pas ? à qui voulez-vous qu'il le laisse.

— A sa femme, répliqua Isidore. Écoute donc, mon père est encore assez jeune pour trouver à se marier, surtout s'il a du bien.

Cette fois la Lizon n'eut rien à répondre, car Derizelles n'ayant pas prévu que son fils pourrait faire cette supposition, n'avait fourni à sa servante aucun raisonnement pour la détruire.

Elle demeura donc fort embarrassée devant Isidore, dont l'esprit avait acquis soudainement une singulière lucidité et qui déduisait avec beaucoup de sang-froid et de justesse toutes les conséquences que pourrait avoir l'acte qu'on lui proposait.

VI

LE CŒUR ET LA BOURSE

Tous les raisonnements que lui avait dictés Derizelles pour vaincre son fils ayant l'un après l'autre échoué contre l'instinctive défiance témoignée par celui-ci, la Lizon fut un instant sur le point d'apprendre à Isidore que l'abandon d'une moitié de son bien était une condition exigée par son père pour donner son consentement à leur mariage. Mais elle comprit que cette révélation lui attirerait infailliblement l'inimitié du fermier, qui, voyant ses espérances déçues, se montrerait alors aussi rigoureux qu'il s'était montré tolérant, et userait de tous les moyens que lui fournirait l'autorité paternelle pour amener une rupture définitive entre elle et Isidore.

Espérant d'ailleurs que Derizelles, instruit de la résistance de son fils, saurait bien imaginer quelque nouveau moyen d'action pour l'obliger à céder, la Lizon préféra rester discrète et fidèle à des intérêts au triomphe desquelles ceux de sa passion même se trouvaient liés. Cette discussion nocturne s'était prolongée jusqu'à une heure si avancée que les deux jeunes gens se trouvèrent surpris par le jour avant que la persistance de l'un eût pu vaincre la résistance de l'autre. Ce fut Isidore qui, le premier, mit fin au débat; en voyant l'aube blanchir aux carreaux de la salle, il commença à faire ses préparatifs de départ pour la chasse. Comme il mettait ses guêtres, l'une des boucles mal attachées lui étant restée dans la main, il pria la Lizon de la lui recoudre.

— Attendez, lui dit-elle, il faut que j'aille chercher mon dé.

Comme elle montait à sa chambre, elle rencontra Derizelles qui rôdait déjà dans les escaliers, et à qui elle raconta brièvement l'insuccès de sa démarche.

— Tu n'as pas su t'y prendre, dit le fermier d'un ton bourru.

— J'ai fait tout ce que vous m'aviez dit de faire, j'ai dit tout ce que vous m'aviez dit de dire; est-ce ma faute s'il refuse? répondit-elle humblement.

Derizelles parut réfléchir un moment.

— Attends qu'il soit parti, dit-il à la Lizon. Quand nous serons seuls et tranquilles, nous aviserons.

— Et s'il refuse toujours? demanda-t-elle, sans oser pousser plus avant son inquiète interrogation.

Son visage exprimait alors une telle défaillance

morale, que Derizelles jugea prudent de l'encourager par une parole sur laquelle il serait toujours temps de revenir à l'occasion.

— Tu seras ma bru quand même, lui dit-il paternellement, sans vouloir toutefois s'expliquer davantage.

La servante, un peu rassurée, redescendit auprès d'Isidore, qui, pour combattre les effets malsains d'une épaisse matinée de brouillard, se ouatait intérieurement la poitrine avec un croûton de pain trempé dans un verre d'eau-de-vie.

— Dépêchons-nous, dit-il avec impatience, en posant sa jambe guêtrée sur une chaise.

La Lizon se mit à genoux pour être plus à l'aise et commença à recoudre la boucle détachée.

Ce n'était pas sans effort qu'elle pouvait faire entrer l'aiguille dans l'épaisseur du cuir mouillé; aussi les points se succédaient-ils avec lenteur sous sa main un peu tremblante. Isidore, qui ne se rendait pas compte de la difficulté du travail, continuait à battre une mesure précipitée d'impatience avec le pied qu'il avait posé sur le sol.

Soit que l'incommodité de la position, qui l'obligeait à avoir la tête baissée, lui eût porté le sang au cerveau, soit que les fatigues d'une nuit d'insomnie eussent épuisé ses forces, la Lizon, lâchant tout à coup son aiguille, s'affaissa aux pieds d'Isidore, qui ne s'aperçut de cette prostration subite qu'au moment où le mouvement des mains de la servante avait cessé.

Peu familier avec le spectacle d'un évanouissement, le jeune homme resta un moment indécis sur ce qu'il devait faire ; il eut cependant l'idée de tremper un linge dans le sceau de cuivre où pleurait goutte à goutte le robinet d'une fontaine. Penché vers la Lizon, toujours immobile, il lui en mouilla les tempes et le visage. La subite fraîcheur de cette lotion fit ouvrir les yeux à la jeune fille, qui essaya de se relever ; mais elle ne put y parvenir sans le secours d'Isidore. L'ayant prise entre ses bras, il la porta sur une chaise, au coin de la cheminée, et d'une voix qui témoignait plus d'étonnement que d'inquiétude, il lui demanda ce *qui lui avait pris*.

— Je ne sais pas, répondit-elle ; il m'a passé comme un brouillard rouge devant les yeux, et puis j'ai entendu tout à coup des bourdonnements dans mes oreilles, comme si je les avais mises à la *lumière* (1) d'une ruche. Et voyant qu'Isidore paraissait ne pas tenir en place en entendant les coups de fusil qui commençaient à retentir dans la plaine voisine, elle ajouta :

— Ce ne sera rien maintenant, vous pouvez vous en aller.

— Si tu avais besoin de moi pourtant, faudrait me le dire, j'attendrais que tu sois tout à fait remise, répondit-il en continuant son équipement, que l'incident avait interrompu. Et, fouillant dans toutes ses poches

---

(1) Sorte d'ouverture pratiquée au bas de la ruche pour laisser entrer et sortir les abeilles.

l'une après l'autre pour y constater la présence des objets dont il faisait usage en chasse, il murmura en s'adressant à lui-même : — Voyons, je n'oublie rien? — J'ai ma pipe? — Oui, la voilà! — J'ai mon briquet? Oui, je le sens. Et s'approchant de la servante, qui le suivait des yeux, il lui tendit la main en lui disant :

— Eh bien, Lizon, au revoir... A tantôt!

— A revoir encore aujourd'hui, répondit celle-ci; mais je vous ai parlé sérieusement cette nuit, et si vous n'y prenez garde, ce ne sera plus à revoir, ce sera adieu que je vous dirai. Et, voyant qu'Isidore semblait par son attitude mettre ses paroles en doute, elle ajouta :

— Vous ne me croyez pas ; eh bien, vous verrez !

— Mais, fit Isidore, tu tiens donc absolument à nous ruiner pour notre entrée en ménage ?

— Je tiens à ce que votre père me donne le bras pour aller à l'église, dit la Lizon.

Isidore ne voulut pas sortir sans faire une apparente concession à cet instinct de délicatesse, trop subtil pour qu'il pût l'apprécier.

— Écoute, fit-il, je réfléchirai, je consulterai, et si ce que tu exiges, peut se faire en prenant des garanties pour l'avenir, eh bien, nous verrons !

— Tâchez de voir vite, alors, dit la Lizon en se levant pour accompagner le jeune homme jusqu'à la porte. Mais à peine était-elle debout qu'elle sentit les jambes lui manquer ; elle n'eut que le temps de se rasseoir pour ne pas tomber. Isidore, qui avait déjà son fusil

7.

sur l'épaule, le posa sur un meuble pour revenir à elle.

— Décidément, ça ne va pas ce matin, lui dit-il en lui témoignant cette fois plus de sollicitude qu'il n'en avait montré d'abord.

— Franchement, non, ça ne va pas trop, répondit la Lizon. Mais ça passera avec un peu de repos. Je ne suis pas habituée à me priver de sommeil.

— Veux-tu que je passe à Pontisy et que j'envoie le médecin ?

— Une domestique n'a pas le droit d'être malade, dit la Lizon. Et, faisant un effort de volonté, elle parvint à se mettre debout, et fit même quelques pas dans la salle.

Isidore, rassuré de nouveau — et il ne souhaitait pas mieux que d'avoir une apparence de motif pour l'être — siffla le chien Tambeau, qui grattait dans les cendres, et sortit en adressant à la servante un geste d'adieu amical.

Elle était seule à peu près depuis cinq minutes, lorsqu'elle vit paraître Derizelles. En apprenant qu'elle avait échoué dans sa tentative auprès de son fils, le fermier s'était rendu aussitôt chez son beau-frère Louciot, qui, dans l'état d'hostilité où ils étaient vis-à-vis l'un de l'autre, parut assez surpris de le voir entrer chez lui, et lui témoigna son étonnement par un accueil d'une cordialité douteuse.

— Eh bien, oui, beau-frère, c'est moi, fit Derizelles en s'asseyant sans y être invité. Faites venir un pichet de votre petit jus de pierre à fusil ; les bonnes idées poussent mieux quand on les arrose. Et comme la fille de Louciot était accourue en reconnaissant la voix de son oncle Derizelles l'attira auprès de lui et l'embrassa sur le front en lui disant :

— Mélie, tu es ma nièce, pas vrai? Eh bien, je trouve que ça n'est pas encore assez pour mon amitié.

— Hem, grommela dans ses dents le beau-frère Louciot : Baisers de Judas !

Si Derizelles n'avait pas entendu ou avait feint de ne pas entendre le défiant aparté du père de Mélie, celle-ci avait parfaitement saisi le sens des paroles de son oncle, et elle en témoigna une joie qui faisait plus d'honneur à sa naïveté qu'à son éducation.

— Mon enfant, dit Derizelles quand elle eut servi le vin blanc, laisse-nous seuls ton père et moi ; nous avons à parler de choses que les filles sages comme toi ne doivent pas entendre.

Mélie disparut en sautant comme une chevrette ivre de brou.

— Çà, beau-frère, fit Derizelles en tendant son verre à Louciot, trinquez avec moi de bonne intelligence ; ce serait faire injure à votre bon vin que de le boire en faisant la grimace.

— Dam ! écoutez donc, beau-frère ; on ne sait jamais si vous êtes un sou ou un jeton.

— Je suis franc comme cette boisson franche, répliqua Derizelles en élevant son verre dans un rayon de soleil qui traversait la chambre comme un flèche lumineuse.

— Qu'avez-vous à me dire ? demanda Louciot en s'accoudant sur la table et en attachant un regard d'inquisiteur sur le visage de son parent.

— J'ai à vous dire que je n'ai pas voulu vous croire autrefois quand vous avez deviné le manége de cette Lizon du diable avec mon garçon, et que je m'en repens à l'heure qu'il est.

— Ah! ah! fit Louciot avec la satisfaction d'un homme qui entend reconnaître trop tardivement les conseils qu'il a donnés et qu'on n'a pas voulu suivre ; vous convenez maintenant que j'avais bien flairé.

Derizelles joignit les mains et prit une physionomie si paternellement désolée, que tous les doutes de son beau-frère s'évanouirent.

— Voyons, demanda-t-il, que veut-elle, cette coquine-là ?

— Ce qu'elle veut ! fit Derizelles, enchérissant sur le mépris manifesté par son beau-frère ; vous vous en étiez bien douté autrefois : elle veut tout et elle aura tout, si les gens d'honneur de la famille ne s'entendent pas entre eux pour désensorceler mon pauvre garçon, qui n'était guère qu'imbécile, et qu'elle a rendu fou.

L'oncle Louciot approuva par un hochément de tête significatif l'appréciation qu'il venait d'entendre faire de son neveu.

L'entretien des deux beaux-frères fut de courte durée et se termina par une réconciliation scellée dans la haine qu'ils avaient, l'un, en toute franchise, et l'autre en apparence, témoignée contre la Lizon. Derizelles sortit de chez son beau-frère après avoir obtenu de lui ce qu'il voulait en obtenir. Louciot s'était engagé à provoquer dans toute la parenté d'Isidore une manifestation à laquelle on s'efforcerait d'associer tous les pères de famille du pays, et qui aurait pour but d'obliger la Lizon à le quitter définitivement. Cette démonstration devait avoir lieu le jour même.

Derizelles sortait de chez son beau-frère lorsqu'il entra dans la salle, où peu d'instants auparavant la Lizon venait d'être quittée par Isidore. Il ne prit presque point garde aux traces de fatigue et à l'abattement, cependant visibles, que la passagère indisposition de la jeune femme avait laissées sur son visage.

—Maintenant, lui dit-il, et avec la brutalité d'un homme pressé d'aller au fait, raconte-moi un peu en détail ce qui s'est passé entre toi et mon garçon. Il refuse ce que tu as demandé. Mais comment? pourquoi? Quelle raison donne-t-il? et d'où vient qu'il raisonne? Tu n'es point sotte, tu dois savoir ce qui se passe dans son esprit. Allons, réponds! fit-il avec impatience.

La Lizon lui fit alors, sans oublier aucune circonstance, le récit de la lutte qu'elle avait engagée avec Isidore, et rapporta presque textuellement à son père les motifs sur lesquels le jeune homme avait appuyé sa résistance.

Un refus net, dans lequel il n'aurait vu qu'un parti

pris d'obstination, aurait moins inquiété Derizelles que cette résistance motivée, prévoyante et surtout pleine de défiance. Il demeura tellement frappé du changement subit qui s'était opéré dans le caractère de son fils, qu'il eut un moment l'esprit traversé par le soupçon que la Lizon l'avait peut-être trahi auprès d'Isidore, et ce soupçon fut si vif qu'il ne put s'empêcher de l'exprimer à la servante.

Comme un instant celle-ci avait eu l'idée d'instruire le jeune homme de l'entente qui existait entre elle et son père, elle rougit légèrement de cette supposition; mais, par un seul mot, elle détruisit tous les doutes que Derizelles avait pu concevoir sur sa discrétion.

— A quoi cela me servirait-il de vous trahir? lui dit-elle. Je sais bien que je ne puis rien sans vous.

L'accent avec lequel elle lui parlait exprimait une si réelle conviction d'impuissance, que Derizelles comprit qu'elle n'avait pas cessé d'être ce qu'elle s'était montrée toujours dans leurs rapports mystérieux, c'est-à-dire le souple et docile instrument de ses volontés quelles qu'elles fussent. Ce fut seulement alors qu'il s'aperçut du malaise qu'elle semblait éprouver.

— Lizon, ma fille, lui demanda-t-il doucement, tout ça te chagrine, pas vrai!

— Quoi? fit-elle en sortant de sa rêverie.

— Mais cette incertitude de savoir si tu seras ou s tu ne seras pas sa femme.

— Il en sera toujours ce que vous voudrez, répondit-elle avec résignation.

Ici Derizelles hésita un moment ; car, tout assuré qu'il pût être de son obéissance servile, il avait à faire à la servante une proposition qui était de nature à révolter tous ses instincts d'amour-propre. Dans toute chose difficile à exprimer, c'est l'entrée en matière qui offre ordinairement le plus de difficultés. Comme Derizelles méditait un début, la Lizon lui abrégea elle-même ce moment d'embarras en lui rappelant que le matin il lui avait promis de chercher un moyen qui pût forcer Isidore à consentir aux conditions qu'il avait refusées, même après la menace qu'elle lui avait faite de le quitter.

— Mais, mon enfant, fit Derizelles, s'il t'a refusé, malgré cette menace, c'est qu'il ne croit pas que tu l'exécuteras, et tant qu'il te verra ici, il résistera.

— Alors, fit la Lizon, qui commençait à comprendre, il faut donc que je parte ? Mais où irai-je ?

— Pas assez loin pour qu'il ne puisse pas te retrouver.

— Et s'il ne me cherche pas ? dit la Lizon avec inquiétude. Si on l'empêche de me chercher ? ajouta-t-elle avec défiance.

Derizelles comprit qu'il était urgent de la rassurer sur les conséquences de ce départ.

— Ne t'es-tu pas toujours trouvée bien des conseils que je t'ai donnés ? lui demanda-t-il. Si mon fils songe à t'épouser, n'est-ce pas moi qui lui en ai indirectement donné l'idée ? Allons, rappelle-toi.

La servante inclina la tête en signe d'affirmation.

— Alors, puisque j'ai le désir que tu sois ma bru, puisque j'ai des raisons pour que cela soit, continua-t-il sans se soucier de déguiser le cynisme de sa pensée, comment peux-tu craindre que je puisse te conseiller une chose qui contrarierait des projets dont je désire autant que toi la réussite ; il ne s'agit point d'ailleurs d'un départ qui pourrait faire croire à Isidore que ton attachement pour lui a pu s'amoindrir ; il s'agit d'une fuite à laquelle tu te trouveras obligée, forcée ; en un mot, tu seras chassée.

— Chassée ! fit la Lizon.

— Oui, répliqua Derizelles, et pour que tu ne t'effrayes pas, je te préviens d'avance.

Il l'instruisit alors de son rapprochement apparent avec la famille d'Isidore. Il l'avertit même de la manifestation hostile dont elle devait être l'objet dans la journée, et ne recula point à lui faire l'aveu que c'était lui qui l'avait provoquée.

VII

LE CODE CIVIL

La Lizon était habituée à l'étrangeté des manœuvres employées par Derizelles. En la mettant au service de sa diplomatie domestique, il lui avait presque inoculé le sens de cette cautèle féconde en détours et toujours pourvue de quelque ruse nouvelle. Cette fois, cependant, il eut de la peine à lui faire comprendre l'efficacité du nouveau moyen d'action qu'il se proposait de mettre en usage. Elle le trouvait non-seulement violent, mais dangereux dans ses conséquences ; elle ne pouvait surtout croire qu'il lui serait possible de rentrer dans un pays d'où elle aurait été chassée. Même au prix du succès, ce rôle lui répugnait.

Derizelles dut mettre en œuvre sa plus subtile persuasion, il lui montra d'abord Isidore tout effaré en ne la retrouvant plus à la maison à son retour; puis furieux contre sa famille, en apprenant la publique avanie qui lui aurait été faite, il le lui fit voir ensuite lancé à sa poursuite, la retrouvant dans la ville prochaine, où elle se serait arrêtée pour l'attendre, et la suppliant de revenir à tout prix dans cette maison d'où elle aurait été chassée comme servante, et où, lui Derizelles, la ferait triomphalement rentrer à son bras en la reconnaissant publiquement pour sa fille. La faconde du fermier, la vivacité du langage avec lequel il avait coloré le tableau de cette réhabilitation, eurent le résultat qu'il en attendait.

La Lizon consentit à subir l'épreuve.

Comme elle en prenait l'engagement, Isidore, pensif et ennuyé, battait la plaine déjà battue avant lui, et où il ne rencontrait que des pies bavardes et des corbeaux voraces, que la présence des *fantomes* flottants plantés dans les champs nouvellement ensemencés n'empêchait pas de venir piller la future abondance. Peu soucieux d'user sa poudre sur ce gibier de *mazettes*, il arriva ainsi, sans avoir brûlé une amorce, dans ce bois de la Fontaine où, une année auparavant, il rencontrait la Lizon, en allant le soir à l'affût des bécasses. Isidore n'était pas un personnage élégiaque; mais cependant, en se retrouvant dans ce lieu, il y fut assailli à son entrée par des souvenirs qu'il ne trouva qu'à demi importuns.

Isidore s'était assis auprès du lavoir construit au

bord de l'eau. Son chien, qui avait remarqué le peu
d'ardeur qu'il avait montré à la chasse pendant la matinée, avait, pour la forme, fait une ronde dans le bois,
et n'y ayant rien trouvé, il était venu se coucher aux
pieds de son maître, dressant cependant l'oreille et
remuant la queue chaque fois qu'un poisson sautait
hors de l'eau et s'y replongeait en la faisant bouillonner autour de lui.

On était alors aux approches du printemps, et son
arrivée se révélait déjà par tous les aspects de renouveau que reprend la nature, à cette époque où elle ressemble à une femme qui dépouille ses derniers vêtements d'hiver en respirant les premières violettes.

De quelque argile que soit pétri l'être humain, qu'il
soit rustre ou poëte, il est des influences d'heure, de
temps et de lieu, auxquels l'homme ne pourra se
soustraire volontairement, qu'elles lui semblent douces ou qu'elles lui paraissent douloureuses. Peu à peu,
et à son insu, Isidore se trouvait enveloppé par ces
influences mystérieuses qui donnaient encore plus de
vivacité aux souvenirs de ses premiers rendez-vous
avec la Lizon sur les tranquilles rivages de cette tranquille rivière, bordée de saules destinés à protéger,
comme dans l'idylle, la fuite des Galathées rustiques.
Par quelle fêlure de son enveloppe opaque l'émotion
entra-t-elle dans le cœur d'Isidore ? Il ne put s'en
rendre compte, mais il n'en ressentit pas moins les
effets. Cette rêverie fut troublée subitement par un
bruit qui agita les roseaux voisins, d'où un canard

sauvage s'éleva lourdement. Avant qu'il eût pu donner à son vol toute sa rapidité, Isidore, qui ne stationnait jamais à la chasse sans avoir son fusil armé près de lui, mit l'oiseau en joue et fit feu. Le canard tomba au milieu de la rivière, où le courant l'emportait à la dérive. Dans cette circonstance, la présence de Tambeau était inutile, car, en sa qualité de chien courant, le travail aquatique n'entrait pas dans son éducation. Isidore, tout au résultat heureux de son coup de fusil, se désolait cependant d'en perdre le bénéfice, lorsqu'il fut aperçu et reconnu par le notaire du pays, qui chassait en bateau. Il se mit aussitôt à ramer dans la direction du gibier démonté, qu'il vint rapporter à Isidore, en le félicitant sur son adresse, et en se félicitant, lui, de s'être trouvé à propos pour qu'il n'en perdît pas le fruit.

Isidore, par cela même qu'il était vaniteux et grossier, était sensible à toute formule de politesse ; il y voyait presque un témoignage d'humilité. Il causa avec le notaire qui, nouvellement installé à Pontisy, cherchait à se créer des relations dans les communes qui étaient du ressort de son étude. Au milieu de la conversation, Isidore eut l'idée de profiter de cette rencontre pour consulter le notaire à propos des avantages que la Lizon exigeait qu'il fît à son père. Bien que le jeune homme ne se fût expliqué qu'à demi, le notaire comprit de quoi il était question, et, en vulgarisant pour les mettre à sa portée les termes de la loi, il lui fit le résumé des articles du code qui régissent les donations. Au nombre de ces articles, dont Isidore se faisait répéter le texte pour mieux s'en pénétrer, il en était un qui le frappa particulièrement : c'était celui qui, traitant de la *révocation,* lui apprenait que la donation qu'il ferait à son père pourrait être révoquée par la naissance d'un enfant légitime.

Il salua le notaire après l'avoir remercié, jeta son fusil sur l'épaule, et se mit rapidement en marche dans la direction de Saint-Clair.

Au moment où Isidore traversait le village pour rentrer chez lui, il remarqua une sorte d'agitation parmi les habitants. Rassemblés en groupes bruyants sur le seuil des maisons, ils semblaient à grand renfort d'éclats de voix et de gestes démonstratifs commenter entre eux quelque fait important qui devait intéresser Isidore, car lorsqu'il passait devant un de ces conciliabules ambulants, les propos, élevés au diapason le plus aigu de la médisance, s'éteignaient tout à coup dans une discrète sourdine.

Ces rassemblements tumultueux étaient causés par le départ de la Lizon, qui, une heure auparavant, avait dû quitter Saint-Clair à la suite de la démonstration faite par la famille d'Isidore.

Les choses s'étaient passées comme Derizelles les lui avait prédites. Au moment où elle se livrait à quelques soins domestiques, les parents d'Isidore, guidés par l'oncle Louciot et suivis par tous les gens convoqués à l'avance pour être témoins de la scène, étaient entrés dans la cour de la ferme et avaient entouré la servante dans un cercle où son regard ne rencontrait que des figures ennemies.

Ce fut l'oncle Louciot qui porta la parole. Désireux de produire une sensation devant une assemblée nombreuse, il débuta par quelques-unes de ces lourdes phrases coulées dans les plus grossiers moules du lieu commun. Si, dans son discours, il ne remontait pas à la *Genèse,* comme l'*Intimé,* avant d'arriver au fait, il s'étendit en préliminaires tellement ambitieux que les assistants, croyant reconnaître dans cette grotesque éloquence les pompeuses formules du langage dont les marchands d'orviétan font précéder le débit de leurs drogues, se demandaient intérieurement si l'orateur, au lieu de requérir contre la Lizon, n'allait pas finir par proposer à celle-ci de lui vendre un onguent pour lui faire tomber les engelures.

Louciot, s'apercevant qu'il n'était pas compris, abandonna aussitôt le ton solennel pour aborder l'invective.

Cette fois il trouva de l'écho chez ses auditeurs. Chacune des injures accumulées dans son réquisitoire était bissée en chœur. Bien qu'elle fût prévenue de ce qui lui allait arriver, la Lizon s'effraya cependant, car aux injures succédèrent les menaces, et la conclusion du discours de Louciot semblait faire appel aux violences.

Cette manifestation, qui devait avoir un certain caractère de dignité, et qui aurait pu être d'un exemple profitable si elle eût été véritablement faite dans l'intérêt des mœurs, ne fut en réalité qu'une brutale revanche d'intérêts déçus et de vanités froissées. La morale était le dernier souci de l'oncle d'Isidore et la moindre préoccupation de ceux qui l'assistaient. L'unique but de Louciot était de faire disparaître du pays une femme qu'il croyait être un obstacle à l'établissement de sa fille, et les autres lui prêtaient le concours de leur présence moins pour le faire triompher que pour satisfaire leurs instincts de malveillance.

Comme elle était convenue de le faire, la Lizon déclara qu'elle consentait à se retirer, et demanda seulement le temps nécessaire pour réunir les objets qui lui appartenaient. On ne lui laissa emporter que quelques vieux vêtements et une partie de linge. Il fallut l'intervention de Derizelles, qui apparut tout à coup, pour qu'on lui permît de garder un peu de l'argent qu'elle avait économisé sur ses gages.

— Si vous voulez qu'elle s'en aille, il faut au moins lui laisser les moyens de partir, fit-il observer. Et, profitant d'un moment où l'attention des assistants était attirée ailleurs, il dit à la Lizon, occupée à nouer le paquet qui contenait ses hardes :

— Va-t'en tout droit à Fontainebleau, et descends à l'auberge de l'Ane-Vert.

— Ai-je bien fait tout ce que vous avez voulu? lui demanda-t-elle tout bas.

— Oui, répondit-il en lui adressant un regard significatif ; mais tu sais qu'il reste encore quelque chose à faire.

Lorsque Isidore rentra chez lui, il y avait déjà près de deux heures que la Lizon était partie. Un groupe moqueur l'avait accompagnée jusqu'au commencement de la route qui va de Saint-Clair à Fontainebleau en traversant la forêt.

Isidore ne savait rien encore de ce qui s'était passé chez lui pendant son absence. Mis en appétit par sa promenade matinale, son premier mot, lorsqu'il rentra, fut de demander à son père pourquoi le déjeuner n'était pas servi; et, s'étant rappelé tout à coup qu'il avait quitté la Lizon un peu indisposée, il demanda si elle était malade.

— Mais... fit Derizelles en hésitant un peu, on ne t'a donc pas appris... tu ne sais donc pas...

— Quoi?

— Enfin, mon garçon, pour aujourd'hui, pour demain, jusqu'à ce que nous ayons trouvé une servante pour remplacer la Lizon, faudra nous servir nous-mêmes.

Ces paroles semblaient jusqu'à un certain point justifier les craintes qu'Isidore avait sur l'état de la Lizon. Il se leva aussitôt et prit sa casquette.

— Où vas-tu, lui demanda son père, qui suivait des yeux tous ses mouvements.

— Je vais à Pontisy chercher le médecin, répondit Isidore, qui était déjà à la porte.

— Nous n'avons pas de malade ici, répondit Derizelles. La Lizon est partie; voilà pourquoi le déjeuner est en retard. Sans compter que le dîner le sera peut-être aussi ; car moi j'ai perdu l'habitude de m'occuper de cuisine.

— La Lizon est partie? fit Isidore; de sa volonté? ajouta-t-il précipitamment.

— Faut pas mentir, répondit tranquillement son père, on l'a un peu forcée, je dirai même beaucoup.

— Pas vous, au moins, fit Isidore sur un ton tellement voisin de la menace, que Derizelles crut devoir protester par quelques dignes paroles.

— Mon garçon, dit-il, ce n'est pas ainsi que tu devrais me parler, quand même j'aurais fait ce qui a été fait par d'autres que moi. Tu oublies que nous sommes sous le toit où a vécu ta chère et regrettée mère défunte, à qui tu aurais certainement causé bien des chagrins si elle était encore dans ce monde. Mais ce n'est pas moi qui ai renvoyé la Lizon, c'est l'opinion publique qui s'est manifestée par la voix de la parenté. La Lizon a compris que sa présence dans notre maison y était un sujet de scandale, une cause de discorde : elle a cédé, et, en cédant, elle a fait une action sage. Maintenant qu'elle est partie, je l'estime presque. Cette soumission aux vœux de toute une famille, dont sa présence dans le pays dérangeait tous les projets, prouve que son affection pour toi n'était pas intéressée, comme je le croyais et comme j'étais autorisé à le croire. Une femme qui n'aurait eu que des sentiments de cupidité n'aurait pas si facilement renoncé à t'épouser ; car, dans les idées où je t'ai vu hier soir à propos d'elle, il est probable que tu l'aurais prise pour femme si elle n'était point partie.

— Je l'épouserai encore quand je l'aurai trouvée, et je vais la chercher, interrompit Isidore.

—. Tu ne peux te marier que si je te donne mon consentement, fit Derizelles.

— Hier, vous me laissiez libre de faire ma volonté.

— Hier n'est pas aujourd'hui.

— Mais hier vous aviez des doutes sur la Lizon, et tout à l'heure vous venez de reconnaître que vous l'aviez mal jugée. Oui, mal jugée. Ah! si vous saviez!

Et pendant un moment il fut sur le point de faire connaître à son père les conditions que la Lizon lui avait elle-même imposées pour consentir à l'épouser; mais il s'arrêta, retenu par une instinctive prudence.

— Voyons, mon père, où est-elle allée? demanda-t-il; vous devez le savoir.

Derizelles avait hâte de voir son fils parti à la poursuite de la Lizon; mais il devait cependant dissimuler ce désir.

Feignant alors d'être ému par l'agitation du jeune homme, il lui serra la main avec compassion.

— Ah! mon pauvre garçon, lui dit-il, ton chagrin me fait grand'pitié, et si j'avais quelque chose à donner, je le donnerais de bon cœur pour te voir oublier cette fille-là. — C'est donc vraiment pour de bon que ça te tient là? ajouta-t-il en frappant sur la poitrine d'Isidore.

— Ecoute, lui dit-il, c'est peut-être le chemin d'une sottise que je vais t'indiquer ; mais tant pis pour toi si tu la fais. Je sais que la Lizon est un peu liée avec la femme qui tient l'auberge de l'Ane-Vert, à Fontainebleau, et comme elle ne connaît pas d'autre personne dans les environs, c'est sans doute là qu'elle sera allée. Maintenant, comme ton oncle Louciot va probablement t'épier pour savoir si tu ne cours pas après elle, et qu'il pourrait t'arrêter, prends par les champs et les taillis pour rejoindre la route ; et, continua-t-il en tirant de sa poche la chaîne et la montre que la servante n'avait pas emportées, remets à la Lizon ces bijoux pour qu'elle puisse avoir au moins un souvenir de toi ; surtout, reviens quand tu lui auras dit adieu.

— Je reviendrai avec elle, mon père, fit Isidore.

— Ah ! là-dessus, je suis tranquille, fit Derizelles. Tu sais bien qu'elle n'osera plus remettre le pied dans le pays.

Sans rien vouloir entendre de plus, Isidore suivant le chemin que lui avait indiqué son père, courut sur les traces de la fugitive, qu'il rejoignit à moitié chemin de la route de Fontainebleau.

La Lizon avait dû s'arrêter en chemin, brisée par les émotions de la journée. Il la trouva assise sur le paquet qui contenait ses hardes. Une femme qui revenait du marché était auprès d'elle et semblait lui donner des soins. La Lizon n'entendit pas même la voix d'Isidore qui l'appelait avec une tendresse inaccoutumée.

— Mais qu'a-t-elle donc, demanda-t-il avec inquiétude à la paysanne.

— Mauvais sujet! répondit celle-ci, qui connaissait les relations des deux jeunes gens; vous ne vous en doutez pas?

— Tout à coup la Lizon se releva, porta la main à sa poitrine, reconnut Isidore, et poussa un grand cri où il y avait autant de joie que de douleur.

Elle venait pour la première fois de sentir tressaillir sa maternité.

— Ah? fit à son tour Isidore, se rappelant la consultation du notaire : maintenant je puis donner mon bien à mon père; mon enfant le lui reprendra.

Lorsque Isidore avait rejoint la Lizon sur la route, il avait voulu la ramener sur-le-champ à Saint-Clair; mais fidèle à la promesse qu'elle avait faite au fermier, celle-ci refusa de le suivre.

— Je ne retournerai à Saint-Clair que pour être votre femme, et maintenant plus que jamais, ajouta-t-elle en faisant allusion aux événements de la journée; je ne vous épouserai que si votre père donne lui-même un démenti aux mauvaises choses qu'on a dites sur moi, en venant me demander que je sois sa bru.

Isidore ne discuta plus les conditions qui lui étaient imposées. Mais, sans faire connaître à la servante les raisons qui le disposaient à faire les concessions qu'il lui avait refusées la nuit précédente, il exigea d'elle qu'elle n'instruisît pas son père de son état avant la célébration de leur mariage.

Après avoir installé la Lizon à l'auberge de l'*Ane-Vert*, à Fontainebleau, il repartit pour Saint-Clair.

Bien que l'heure fût déjà avancée, Derizelles n'avait pas voulu se coucher sans avoir vu son fils, pour savoir de lui quel avait été le résultat de sa rencontre avec la Lizon.

Isidore fut bref. Il annonça nettement que l'opposition qu'il trouvait dans sa famille n'avait en rien modifié ses sentiments pour sa servante, et qu'il était décidé à l'épouser dès qu'elle-même y aurait consenti ; et, n'ayant plus de motif pour se taire, il instruisit alors Derizelles des conditions spécifiées par la Lizon en sa faveur.

— Comment ! s'écria le fermier en feignant admirablement une surprise émue... Cette pauvre fille qu'on accusait, que j'accusais moi-même tout le premier, elle veut...

— Oui, interrompit Isidore, elle veut que vous restiez parmi nous, et comme elle connaît l'indépendance de vos goûts et de votre caractère, elle exige que vous ayez une existence libre et assurée, et elle ne viendra ici que lorsque vous aurez accepté...

— Mon cher garçon, fit Derizelles, j'espère que tu ne m'as pas fait l'injure de croire un seul moment que je pourrais consentir à accepter un pareil sacrifice. D'ailleurs, ajouta-t-il avec un accent de doute, je ne sais pas si ce que tu me proposes est permis par la loi.

— Ne suis-je donc pas maître de mon bien ? demanda Isidore.

— Maître unique, maître absolu.

— Eh bien, alors, n'ai-je pas le droit, si c'est ma volonté, de faire une libéralité à mon père?

— Il n'y a qu'un notaire qui pourrait te renseigner positivement là-dessus, fit Derizelles. Mais, d'après le peu que je connais de la loi, je m'imagine que, pour être régulières, ces sortes de libéralités doivent être acceptées par les personnes à qui elles sont faites, et, pour mon compte, tout en te sachant gré de ta générosité, je refuse.

— Vous refusez? dit Isidore avec un véritable étonnement.

— Il y a de méchantes gens partout, mon cher garçon, dit Derizelles avec componction, mais il y en a ici plus qu'ailleurs. Cette pauvre Lizon a pu le voir tantôt. Que n'a-t-on pas dit sur elle? Si j'acceptais ta générosité, on ne voudrait jamais croire que c'est de ton plein gré et seulement guidé par ton bon cœur que tu as agi. On dirait, au contraire, que c'est moi qui, pour donner mon consentement à ton mariage avec la Lizon, ait exigé l'abandon de ta fortune.

— Entendons-nous : d'une moitié seulement, interrompit Isidore avec vivacité.

— Tu ne pourrais pas donner plus, reprit son père.

Ce n'était pas sans but que Derizelles agissait ainsi. Il savait bien que son refus provoquerait l'insistance d'Isidore, qui, en effet, rassuré sur les conséquences de l'acte qu'il allait faire, insista et obtint de son père que celui-ci l'accompagnerait chez le notaire de Pontisy.

Le lendemain, comme Isidore venait le prendre pour le conduire à l'étude, Derizelles trouva encore assez de sang-froid pour simuler une dernière résistance fondée sur la crainte qu'il éprouvait, disait-il, de voir son acceptation mal interprétée dans le pays.

Avant de procéder à l'acte pour lequel son ministère était requis, le notaire donna connaissance à ses clients de tous les articles et clauses qui régissent la donation entre-vifs.

Répétant à Isidore ce qu'il lui avait déjà appris dans la consultation de la vente : Vous savez, lui dit-il, que du jour, de l'heure même où votre père, ici présent, aura accepté le bien que vous vous proposez de lui donner, il en aura la libre et entière jouissance.

— Le cher garçon, interrompit Derizelles, sait bien que je n'accepte ses dons que pour les faire prospérer par mon intelligence des affaires, et qu'ils lui reviendront un jour, augmentés de tout ce que je leur aurai pu faire rapporter. Et tout en parlant il serra la main à son fils.

— Et vous, lui dit le notaire, vous savez qu'il existe des cas où la loi autorise celui qui a donné son bien à le reprendre.

— Je ne connais pas la loi, fit Derizelles; mais j'imagine que si mon fils m'oblige presque, comme il le fait aujourd'hui, à accepter ses libéralités, ce n'est pas dans l'intention de me réclamer plus tard un bien qu'il m'offre de sa propre volonté. J'y vais franchement, moi, ajouta-t-il en se retournant vers Isidore. Si cela devait amener des difficultés entre nous, j'aimerais mieux ne pas aller plus loin. Et s'étant levé, il fit mine de chercher sa casquette, comme s'il avait l'intention de se retirer.

Le notaire l'obligea à se rasseoir.

— C'est parce que je suppose que vous ignorez les dispositions de la loi qu'il est de mon devoir de vous les faire connaître, lui dit-il ; une donation est un acte important.

— C'est un acte qui donne ?... fit Derizelles.

— Et qui assure légalement la jouissance du don.

— Eh bien, nous sommes d'accord, fit Isidore, pressé de finir.

Cependant son père s'était ravisé, et il demanda quelles étaient les circonstances prévues par la loi où la donation pouvait être annulée.

— Celui qui a donné son bien peut en exiger la restitution, dit le notaire, si celui auquel il en a fait don se montre ingrat.

— Ah ! fit Derizelles avec un geste d'approbation, voilà qui est bien prévu, la loi est juste. Mais, ajouta-t-il en tendant de nouveau la main à son fils, Isidore sait bien que je ne lui fournirai jamais l'occasion de se repentir.

Isidore acquiesça de la tête, plutôt par maintien que par conviction.

— Une donation, continua le notaire, peut encore

être révoquée de plein droit par la survenance d'un enfant légitime ou légitimé du donateur.

Derizelles eut besoin de mettre en œuvre toutes ses facultés de dissimulation pour cacher la pénible impression que lui causait cet article du code dont il avait jusque-là ignoré l'existence. Il comprit rapidement que toutes ses ruses et contre-ruses l'avaient amené à se faire prendre lui-même dans un piége. Il jeta sur son fils un regard d'inquisiteur comme pour lire dans sa physionomie si celui-ci était, comme lui-même, ignorant de l'article qui pouvait rendre la donation illusoire, au premier enfant qui naîtrait de son mariage avec la Lizon. Mais l'attitude d'Isidore dérouta ses soupçons. Appuyé contre la croisée, et comme s'il attendait qu'on l'appelât pour donner sa signature, le jeune homme semblait profondément préoccupé par la lutte qui venait de s'engager dans un angle de la vitre entre un gros bourdon chasseur et une petite mouche.

Isidore, interpellé par Derizelles et craignant que celui-ci ne revînt sur son consentement s'il venait à concevoir quelque doute sur la sincérité de sa donation, demanda s'il n'était pas possible d'introduire dans l'acte une convention par laquelle il renoncerait à tout retour contre le bien abandonné à son père, même dans le cas où il se marierait et où il naîtrait un enfant de son mariage.

Derizelles, un peu rassuré par cette démonstration, feignit de ne pas insister, bien qu'il eût hâte de voir inscrire la clause qui le garantissait contre toute éventualité. Il ne pouvait supposer que son fils n'avait fait cette proposition qu'en toute sécurité. En effet, pour être bien fixé sur la nature et les conséquences de l'acte exigé par la Lizon, après l'avoir quittée la veille, Isidore avait acheté un code à Fontainebleau, et pendant la nuit il avait étudié la matière qui l'intéressait avec autant d'application que s'il se fût disposé à subir un examen à la Faculté de droit.

— Ce que vous proposez ne peut pas se faire également, dit le notaire à Isidore.

Et comme il feuilletait son code, le jeune homme fut sur le point de lui souffler !

— C'est l'article 965.

Derizelles, à qui on avait indiqué l'article, lut d'une voix que l'inquiétude faisait un peu trembler :

« Toute clause ou convention par laquelle le donateur
« aurait renoncé à la révocation de la donation, pour
« survenance d'enfant, sera regardée comme nulle et
« ne pourra produire aucun effet. »

— C'est-à-dire, mon cher garçon, fit Derizelles en retirant ses besicles et en répétant lentement ses paroles comme pour se donner le temps de réfléchir, c'est-à-dire que la loi, comme je te le disais hier soir, ne me paraît pas être d'accord avec ta bonne volonté à mon égard, et que, dans certains cas qu'elle a prévus, tu aurais toujours la possibilité d'exiger que je te rende ton bien.

Isidore, en entendant ces paroles, commença à

craindre que son père n'eût deviné ses intentions.

Il se trompait cependant. Derizelles avait été convaincu de sa sincérité par l'offre spontanée qu'il lui avait faite un instant auparavant. D'ailleurs, et à tout risque, il avait déjà pris son parti d'accepter quand même la donation.

Comme le notaire, qui avait tout en parlant minuté l'acte constitutif de la donation, commençait à en donner lecture aux parties, il fut interrompu par l'entrée de son maître clerc, qui venait l'informer qu'on le demandait immédiatement au village de Saint-Clair pour recevoir un testament.

— J'y vais, dit le notaire en voulant reprendre sa lecture.

— Mais, monsieur, insista le clerc, c'est que le cas est pressé ; le père Richôme n'en a pas pour une heure.

— Comment, fit Derizelles avec étonnement, mon voisin Richôme ! mais je l'ai rencontré tout à l'heure dans les chemins de Pontisy.

— Oui, reprit le clerc ; mais tout à l'heure en voulant monter dans le bâtiment qu'il fait construire, il est tombé sur un coin de pierre. Le curé y est déjà. C'est lui qui fait demander monsieur, ajouta-t-il en se retournant vers son patron.

— Vous m'excuserez, dit celui-ci à Derizelles et à son fils. Mon clerc va vous achever la lecture de l'acte ; vous n'aurez plus qu'à signer.

Et il sortit aussitôt.

Une heure après, comme le père et le fils rentraient à Saint-Cler, ils y apprirent la fin de leur voisin Richôme, qui était mort après avoir eu, toutefois, le temps de tester.

— Eh! fit Derizelles en lui-même, si la Richôme a tout le bien de son homme, et quand même elle n'en aurait que la moitié, c'est une riche veuve !

Et tout d'un trait, poussé par une idée qui venait de naître dans son esprit prompt au calcul, il courut chez sa voisine pour lui présenter ses compliments de condoléance.

Mis légalement en possession des biens de son fils, Derizelles n'en était pas moins resté très-inquiet pour l'avenir.

Soupçonneux comme tous les gens rusés, il se demandait si, une fois mariée, la Lizon, n'ayant plus de raison qui l'obligeât à être discrète, n'instruirait pas Isidore de la part qu'elle avait dû prendre dans les intrigues paternelles pour arriver à être sa femme, et il craignait qu'au premier berceau qui entrerait dans le ménage, il ne fût sommé de restituer à l'enfant le bien si subtilement arraché au père.

Au nombre des combinaisons qui s'étaient offertes à son esprit inventif pour se garantir contre cette menaçante éventualité, il en était une qui lui avait été fournie par la mort subite de son voisin Richôme, dont la veuve avait été coquette lorsque lui-même avait été galant.

A cette époque, en effet, plus d'une fois dans les

veillées où l'aigre bourdonnement de la chronique villageoise se mêle au ronflement sourd des rouets, le nom de Derizelles et celui de la veuve Richôme s'étaient trouvés malicieusement rapprochés.

Ce n'était donc pas sans but que Derizelles s'était présenté l'un des premiers pour porter des consolations à la veuve, qui, à l'expiration de son deuil, ne manquerait sans doute pas de trouver des prétendants à sa main. Le père d'Isidore avait calculé qu'en se mettant lui-même sur les rangs, il aurait peut-être plus de chance que les autres pour être accepté, puisque, outre les préférences que pourraient lui attirer des précédents, il se trouverait encore en état d'apporter à la veuve une fortune au moins égale à celle qu'elle pouvait elle-même attendre de la succession du défunt.

Si ce projet réussissait, et Derizelles se promettait bien de ne rien négliger pour le faire réussir, il devait se trouver à l'abri des conséquences fâcheuses d'une révocation de la donation qu'il avait entre les mains, car dans le cas où il se verrait obligé de rendre son bien à son fils, la sécurité de son avenir n'en restait pas moins assurée par son mariage avec une femme dont la fortune personnelle n'avait à craindre aucune reprise.

Seulement, une difficulté nouvelle se présentait. En supposant qu'il fût accepté par la veuve Richôme, Derizelles ne pouvait l'épouser qu'à l'expiration du terme légal, c'est-à-dire dix mois après la mort du défunt

9

et si le mariage d'Isidore avait lieu immédiatement, la conséquence naturelle qu'on en pouvait prévoir et qui devait servir de base à la révocation de l'acte passé récemment, aurait eu le temps de se produire avant que Derizelles fût en état de ne plus en redouter les effets.

Malgré les obstacles qui rendaient si douteux le succès de cette combinaison, Derizelles s'y fût attaché peut-être avec toute la ténacité d'un homme qui a confiance dans les efforts de sa volonté, lorsque le hasard vint subitement lui démontrer l'inutilité de tous ces stratagèmes.

La Lizon, qu'Isidore pressait de revenir à Saint-Clair, avait déclaré ne vouloir y reparaître qu'à la condition que son futur beau-père viendrait la chercher lui-même comme il en avait pris l'engagement avec elle lorsqu'elle était partie, et seulement le jour où elle pourrait lire le premier ban de son mariage affiché à la porte de la mairie.

Sommé de s'exécuter, Derizelles dut donner régulièrement le consentement qu'il était nécessaire d'avoir avant de procéder aux formalités d'usage. Il obtint cependant que son fils garderait le secret sur son prochain mariage jusqu'au moment où il serait sur le point de s'accomplir. En gagnant ainsi du temps, il espérait toujours qu'il ferait naître ou que le hasard lui fournirait quelque circonstance dont il pourrait profiter pour prolonger le célibat d'Isidore.

VIII

LA COUSINE MÉLIE.

Cependant l'oncle Louciot faisait de fréquentes apparitions dans la maison de Derizelles, et, chaque fois qu'il s'y montrait, il mettait sur le tapis la question du mariage entre sa fille et Isidore, qu'il se plaignait de ne pas voir chez lui.

— Attendez, attendons, il faut attendre, murmurait Derizelles. Ce garçon était très-affolé de cette créature; ce n'est pas en quinze jours qu'il a pu l'oublier. Et puis au fond, comme il sait que c'est à cause de vous que la Lizon est partie d'ici, il vous garde rancune. Vous savez, les jeunes gens, ça ne voit que son plaisir, ça ne connait que sa passion. Isidore ne peut pas se persuader qu'on a agi pour son bien : il le comprendra.

Plus tard; il rendra justice aux bonnes intentions de sa famille; mais ce n'est pas l'affaire d'un jour. Et Derizelles finissait comme il avait commencé, par :

— Attendez, attendons, il faut attendre.

Et le bonhomme Louciot, à demi convaincu, s'en allait répéter le même refrain à sa fille Mélie, dont la patience n'était pas la vertu capitale.

L'auberge de l'Ane-Vert était ordinairement fréquentée par les paysans des environs de Fontainebleau, qui, les jours de marché, venaient y remiser leurs voitures ou y mettre leurs bêtes à l'écurie. Ces jours-là, c'est-à-dire deux fois la semaine, la Lizon, qui habitait une sorte de mansarde donnant sur la cour de l'auberge, évitait de sortir de chez elle pour ne point être exposée à rencontrer quelque personne de Saint-Clair.

Un matin, Mélie ayant été envoyée à Fontainebleau par son père pour y prendre du fumier au relais des messageries, la charrette qu'elle conduisait avec assez d'indolence fut accrochée par la lourde diligence de Montargis. La jeune fille fut renversée assez rudement pour qu'on la relevât évanouie. Cette chute avait eu lieu devant l'auberge de l'Ane-Vert, et l'aubergiste, témoin de l'accident, avait transporté la fille de Louciot chez lui pour la secourir. Mais jugeant que, dans la circonstance, les soins d'une femme seraient préférables, et la sienne se trouvant absente, il appela la Lizon qui descendit en toute hâte.

Celle-ci voulut s'éloigner en reconnaissant la cousine d'Isidore; mais l'instinctive pitié féminine la retint auprès de Mélie, qui d'ailleurs était en ce moment hors d'état de la reconnaître. Cependant, la femme de l'aubergiste étant rentrée, la Lizon la pria de la remplacer auprès de Mélie, dont elle avait vainement frotté les tempes avec du vinaigre, sans pouvoir la faire revenir. Comme elle allait sortir, la jeune fille, frappée par le son de sa voix, ouvrit tout à coup les yeux et les fixa sur elle avec un étonnement inquiet. La Lizon ayant disparu comme une vision, Mélie dont les facultés intellectuelles n'étaient pas encore remises de la commotion qui avait causé son évanouissement, aurait pu croire, comme l'aubergiste essayait de le lui persuader, qu'elle s'était trompée en croyant voir la servante de son oncle; mais une circonstance inattendue vint presque aussitôt démentir les paroles de la bonne femme. Au moment où la Lizon montait l'escalier pour regagner sa chambre, elle rencontra Isidore, qui était venu chez elle pendant qu'elle donnait des soins à sa cousine.

— Ah! cette fois, dit celle-ci en se dressant sur son lit lorsqu'elle reconnut la voix d'Isidore qui parlait à la Lizon; cette fois, je ne me trompe pas, c'était bien elle, puisque c'est lui!

— Qui ça lui? qui ça elle? fit l'aubergiste avec embarras.

— Je sais ce que je veux dire, allez, répondit Mélie, qui venait de se mettre debout et secouait ses vêtements. Déjà oublieuse de sa chute, elle descendit dans la cour de l'auberge, où elle s'assit sur une borne au coin de l'écurie, en attendant que des rouliers, qui avaient été témoins de son accident, eussent achevé de relever la charrette. L'un d'eux, qui s'occupait à recharger le fumier, qui s'était répandu dans la rue, poussa tout à coup un juron exprimant plus l'effroi que la colère, et, jetant aussitôt sa fourche à terre, il appuya fortement sa large main sur son bras nerveux, où il écrasa une mouche noire et velue; dont la piqûre avait déjà marqué son épiderme d'un point noir.

— Qu'avez-vous? lui demanda Mélie, attirée auprès de lui par son cri, et inquiétée par la pâleur qui s'était répandue sur son visage. — Mais, sans lui répondre, le roulier se précipita dans la cuisine où flambait un feu actif. S'emparant avec rapidité d'une pincette qu'il trouva dans un coin de l'âtre, il la plongea dans le brasier incandescent. Son silence et la rapidité de ses mouvements exprimaient une invincible terreur. Comme il retirait du feu la pincette rougie à blanc, il mit en saillie, par une vigoureuse tension du bras, son biceps herculéen, sur lequel le point noir causé par la piqûre de la mouche semblait déjà s'être étendu, et, d'une main ferme, il y porta le fer fumant, qu'il tint appuyé fortement sur la même place, jusqu'à ce que la douleur cuisante causée par cette cautérisation prolongée l'eût obligé à lâcher la pincette, qui retomba sur le carreau, rougie encore, non plus par le feu, mais par le sang de la plaie qu'elle venait d'ouvrir.

Cette opération achevée, le roulier fit signe qu'on lui donnât un verre d'eau qu'il prit avec avidité des mains de Mélie.

— Merci, lui dit-il, en poussant un soupir de soulagement ; et comme se parlant à lui-même, il ajouta en regardant son bras, qu'il enveloppait dans un mouchoir : maintenant, il n'y a plus de danger.

—Il y en avait donc? fit la jeune fille, qui ne se rendait pas encore bien compte de la gravité de l'accident.

— Vous n'avez donc pas vu que la mouche qui m'a piqué est une mouche charbonneuse, une bête à charogne. J'ai eu un frère qui a été mordu par une de ces mouches; dix heures après, il est mort aussi noir que le drap qu'on m'aurait jeté sur le corps demain, si je n'avais pas pris mes précautions. Maintenant, ma fille, un conseil. Votre fumier aura peut-être servi de litière à quelque animal crevé en corruption. Il peut encore y avoir de ces venimeuses bêtes dedans : à votre place, je ne l'emporterais pas.

— Merci de votre conseil ; il est bon, je le suivrai. Ah! ça fait mourir, ces bêtes-là, répéta Mélie en rentrant dans la cour, où elle trouva sa charrette attelée. Comme elle y montait, en levant les yeux vers la maison, elle aperçut Isidore, qui avait imprudemment mis la tête à la fenêtre de la chambre occupée par la Lizon.

— Eh! mon cousin! s'écria-t-elle avec autant de dépit que de raillerie, en faisant claquer son fouet, je retourne à Saint-Clair. Voulez-vous que je vous attende?

Isidore referma la fenêtre sans lui répondre.

— Qu'est-ce que cela fait qu'elle nous ait vus ici ensemble? Elle nous verra bientôt de plus près à Saint-Clair, puisqu'après demain notre premier ban sera lu au prône.

— C'est égal, dit la Lizon avec inquiétude, j'aimerais mieux qu'elle ne soit pas venue ici.

Lorsqu'elle fut sortie de Fontainebleau et qu'elle s'engagea dans la route solitaire qui traverse la forêt, Mélie accrocha les rênes au taquet de la charrette, et, s'abandonnant à la pacifique allure de son mulet patriarcal, familiarisé depuis douze ans avec tous les détours et toutes les ornières du chemin, la jeune fille appuya ses coudes sur ses genoux, sa tête dans ses mains et commença à pleurer si abondamment que ses larmes, qui tombaient à gouttes chaudes et pressées, faisaient le bruit d'une pluie sur l'étoffe tendue de son tablier.

Mélie n'était point une fille sotte, ni une méchante nature. Elle avait alors vingt-deux ans, et dès l'âge adolescent elle avait été bercée par l'espérance qu'elle serait un jour la femme d'Isidore. Cette union avait d'ailleurs été le vœu de sa tante Derizelles, qui lui avait témoigné toujours un attachement presque maternel et s'était plu d'avance à développer en elle tous les instincts d'ordre, de travail et d'économie qui constituent la bonne ménagère.

Cette utile prévoyance avait porté ses fruits et de bonne heure détourné la jeune fille des penchants frivoles où la jeunesse et l'exemple auraient pu l'entraîner.

Ainsi Mélie n'allait jamais au bal le dimanche ; elle fréquentait peu les fêtes et les assemblées, et se tenait dans une grande réserve vis-à-vis des garçons du pays, mais tout cela sans morgue apparente, sans vanité prétentieuse, naturellement.

Puritaine sans connaître ni le mot ni la chose, tout en étant fort soigneuse d'elle-même, les soins qu'elle prenait de sa personne, s'arrêtaient aux limites où commence la coquetterie, ce qui ne l'empêchait pas d'avoir un bon goût que les femmes et les filles du pays ayant quelque raison de se défier du leur, venaient consulter dans les circonstances où elles devaient se montrer avec quelque apparat.

Sans appartenir à la race poétique et mélancolique des *Gretchen* d'outre-Rhin, dont les yeux deviennent bleu à force de regarder le ciel, Mélie aimait la solitude, non pas la solitude contemplative qui incline vers la rêverie, et excite l'âme à une maladive inspiration vers l'éternel inconnu, mais l'isolement occupé, actif, laborieux. Elle lisait aussi volontiers quelquefois, et les livres que le hasard avait ouverts sous ses yeux et qu'une génération entière avait feuilletés avant elle, comme l'attestaient les noms de ses ancêtres inscrits sur les marges et les couvertures en encre jaunie par le temps ; ces livres n'étaient point de nature à donner à son imagination des ailes qui dussent l'emporter au delà des modestes sphères où elle était appelée à vivre.

9.

C'étaient pour la plupart de vieux et naïfs récits populaires, comme les colporteurs en répandent dans les campagnes avec le double *Liégeois* et l'*Almanach boiteux*, œuvres grossières, plus grossièrement imagées encore, mais dans lesquelles la poésie se trouvait cependant, peut-être parce qu'on n'avait pas cherché à l'y mettre.

Ces lectures innocentes avaient suffi cependant pour lui faire comprendre quels étaient la véritable nature et le nom véritable du sentiment qu'elle éprouvait pour son cousin, et qui était presque natif, puisqu'il plongeait ses racines jusque dans les plus lointains souvenirs de leur commune enfance.

Encouragée d'ailleurs par ses parents, elle se livrait avec sécurité à la douceur de cette passion paisible, et bien qu'Isidore ne parût guère y répondre, elle ne s'inquiétait pas de cette froideur, sachant que s'il ne songeait pas à elle, il ne songeait pas non plus à d'autres.

Sa passion, tranquille et patiente, éprouva les premiers symptômes d'inquiétude et d'agitation à l'époque où la liaison clandestine de son cousin avec la nouvelle servante fut connue dans le pays. Elle n'en voulut cependant point à Isidore ; mais à dater de ce jour, elle conçut pour la Lizon un ressentiment sourd et contenu qui devait, avec les circonstances, arriver jusqu'à la haine.

Cette haine vivace, fortifiée chaque jour par la jalousie, s'était apaisée cependant quand Mélie avait cessé de voir celle qui en était l'objet. Croyant n'avoir plus à la craindre, en ne voyant plus une rivale dans la servante, elle s'était presque émue de pitié à la pensée du sort aventureux auquel celle-ci lui semblait devoir être destinée, et, partageant les espérances de son père, elle pensait qu'Isidore, étant dégagé de l'influence de la Lizon, l'oublierait bientôt pour se rapprocher d'elle, elle qui, dans sa pensée, avait toujours été auprès de lui.

La rencontre qu'elle venait de faire à l'auberge de l'Ane-Vert avait donné un brutal démenti à ses espérances.

En retrouvant la Lizon dans un lieu aussi prochain de Saint-Clair, et en retrouvant surtout Isidore auprès d'elle, elle avait compris que leur séparation n'était qu'apparente et qu'elle ne serait sans doute que momentanée ; et en même temps qu'elle recouvrait toute sa haine pour la Lizon, redevenue sa rivale, elle éprouva pour son cousin un sentiment de mépris dédaigneux, en songeant à la pitoyable faiblesse dont il donnait la preuve en courant après une fille qui avait été publiquement chassée.

Au milieu du trajet, le mulet, ne se sentant plus dirigé, s'arrêta et s'endormit à l'entrée d'une carrière où Louciot l'amenait souvent quand il venait chercher des écalles de pavé que l'on emploie à Saint-Clair et dans les environs pour la construction des murs de clôture.

Méhe était si péniblement préoccupée qu'elle ne

s'aperçut même pas que la charrette était arrêtée. Ce fut une femme de Saint-Clair, sortant d'un taillis où elle venait de couper un fagot qu'elle traînait derrière elle, qui le lui fit remarquer.

— Hé, Mélie, lui cria-t-elle, est-ce que tu attends ton cousin ? Je l'ai vu passer tantôt : il allait du côté de la Pyramide, ajouta-t-elle en étendant la main dans la direction de Fontainebleau.

— Je le sais bien, répondit Mélie en activant du fouet son paresseux animal, je l'ai rencontré tout à l'heure.

La femme qui venait de lui parler était la même qu'Isidore avait, peu de jours auparavant, trouvée auprès de Lizon, lorsque l'indisposition de celle-ci l'avait obligée de s'arrêter dans sa fuite.

— Tu devrais bien prendre ma bourrée dans ta charrette, dit-elle à la jeune fille, dont elle avait remarqué le trouble.

Bien qu'elle eût préféré être seule, Mélie lui proposa de la reconduire jusqu'à Saint-Clair.

Pendant le trajet, sa compagne, qui était curieuse et bavarde, l'interrogea sur son prochain mariage avec Isidore.

— Qui vous a parlé de cela ? dit Mélie avec humeur.

— Mais c'est ton père qui en parle.

En effet, depuis que la Lizon avait quitté le pays, Louciot, crédule aux promesses de son beau-frère, avait, par des propos mystérieusement indiscrets, fait supposer que le mariage de sa fille avec son cousin Isidore était chose arrêtée.

Mélie se borna à démentir les propos paternels et essaya de détourner l'entretien d'un sujet qui, en ce moment surtout, lui était pénible ; mais sa compagne le ramenait toujours à Isidore.

— Ton cousin est un bon parti, disait-elle ; c'est le meilleur parti du pays ; et maintenant qu'on l'a débarrassé de cette Lizon, bien sûr que toutes les filles d'ici vont lui courir après. Pour ça, bien sûr !

Lorsqu'elle avait prononcé le nom de la servante, la compagne de Mélie s'était aperçue que celle-ci avait fait un geste de mépris, et, croyant lui être agréable en lui parlant d'elle avec malveillance, elle ajouta sur un ton de mépris dédaigneux : « Cette Lizon, pourtant, elle faisait bien la fière autrefois ; elle avait des chaînes de montre, elle portait de la dentelle à ses bonnets ; et dans six mois elle sera peut-être forcée de mettre son enfant dans un hôpital, faute d'avoir des langes pour l'envelopper.

— Son enfant! dit Mélie en se retournant brusquement. Elle est donc...

— Sans doute interrompit sa voisine ; c'est moi qui lui ai appris son état le jour où ton cousin, qui courait après elle, nous a trouvées ensemble sur la route, tiens auprès de ce tas de cailloux. Prends garde ! ton mulet va butter dedans.

— Un enfant ! murmurait Mélie en elle-même. Ah ! maintenant il ne la quittera plus. Et, pressant l'allure du mulet, elle l'obligea presque à prendre le galop.

— Eh! lui dit sa compagne qui se trouvait rudement secouée par les cahots, tu nous fait courir comme si nous allions à la noce.

A l'entrée du village, Mélie rencontra son père, qui allait au devant d'elle, ayant appris par un voisin revenu de Fontaibleau l'accident qui lui était arrivé.

Le premier regard de Louciot fut pour sa charrette, et, la voyant intacte, mais vide, il demanda à Mélie pourquoi elle ne rapportait pas le fumier.

— Quel fumier ? répondit celle-ci, dont l'esprit n'était pas à la question de son père.

— Eh bien, qu'est-ce que tu as donc été faire à Fontainebleau ? demanda Louciot.

— J'y ai été faire une belle découverte, allez! répondit Mélie. Et lorsqu'elle fut rentrée avec lui dans leur maison, elle lui raconta avec un accent de véhémence qu'il ne lui connaissait pas encore tout ce qu'elle avait appris depuis le matin, sans omettre la révélation que venait de lui faire sa compagne de route.

Louciot eut instinctivement l'idée qu'il était la dupe de son beau-frère, et que celui-ci était instruit du séjour de la Lizon à Fontainebleau et des visites que lui faisait son fils.

— Je vais chez ton oncle, dit-il à Mélie.

— Je vous accompagne, répondit celle-ci.

Lorsque son beau-frère et sa nièce entrèrent chez lui, Derizelles était lui-même fort soucieux. Le matin même avait eu lieu l'ouverture du testament de feu Richôme, et sa veuve, peu avantagée, restait avec une fortune dont la modicité contrariait singulièrement les plans formés par le père d'Isidore. En outre, son imagination ne lui avait encore fourni aucun moyen pour retarder le mariage de son fils, et il avait pris avec celui-ci l'engagement de l'accompagner le lendemain à la ville pour ramener la Lizon. A ces préoccupations d'intérêt capital s'ajoutait un ennui domestique. Un de ses chevaux, le meilleur de l'écurie, était malade, et le vétérinaire qu'il avait envoyé cherché à Nemours, n'était pas encore arrivé.

Louciot entra nettement en matière.

— Où est mon neveu? demanda-t-il avant même de s'asseoir.

Dès l'arrivée de son beau-frère et de sa nièce, Derizelles, dans leur attitude et dans leur physionomie, avait deviné qu'ils n'étaient pas venus chez lui uniquement pour lui dire bonjour, et par le premier mot que lui adressait son parent, il soupçonna le véritable motif de cet interrogatoire ; aussi fit-il intérieurement appel à toute sa subtilité pour ne pas se laisser surprendre.

— Isidore! dit-il naturellement, mais où voulez-vous qu'il soit? pas au travail, bien sûr; il est à la chasse, pardi; à la chasse aux oiseaux, carabo ; à la chasse aux perdrix, carabi, chantonna-t-il en prenant Mélie par la taille et en l'attirant vers lui pour l'embrasser sur le front. Puis, changeant de ton tout à coup : — Je chante, et je n'ai pourtant pas le cœur à la joie. Figurez-vous, beau-frère, que notre meilleur cheval, une bête sans prix...

— Isidore n'est pas à la chasse, interrompit Mélie, qui se dégagea des bras de son oncle.

— Qui nous a coûté, — quand je dis qui *nous* a coûté, continua Derizelles, c'est façon de parler, — qui a coûté quatre-vingts pistoles, eh bien...

— Isidore est à Fontaibleau, reprit Louciot en s'approchant de son beau-frère, et en tirant celui-ci par un des boutons de sa veste pour provoquer son attention.

— Eh bien, beau-frère... ce brave animal qui vous déchirait un arpent de terre vierge en moins de temps qu'il n'en faut à un arpenteur pour le mesurer...

— Il ne s'agit pas de votre cheval, fit Louciot impatienté.

Mais, sans paraître prendre garde à l'interruption, Derizelles reprit :

— Un de mes voisins qui me l'avait emprunté pour transporter du pavé, me l'a surchargé, et à l'heure qu'il est, mon animal est sur le flanc et j'ai peur d'être forcé de l'abattre. Voyez-vous, beau-frère, les bêtes, c'est comme l'argent : on ne devrait jamais les prêter.

— Mon neveu est à Fontainebleau, je vous dis, insista Louciot.

— Possible encore, bien possible, fit Derizelles. Et se grattant le sommet de la tête : — Attendez donc ! En effet, j'ai entendu dire l'autre jour à mon fils qu'il avait besoin d'aller en ville pour renouveler sa provision de poudre. Et, prenant soudain un accent de contrariété : — S'il m'avait prévenu qu'il irait aujourd'hui, je lui aurais dit de me ramener le vétérinaire de Fontainebleau, qui est bien plus renommé que celui de Nemours. Il est vrai qu'il est plus coûteux ; mais je ne regarderais pas à un écu de plus ou de moins pour voir ma pauvre bête sur pied. Ah ! je en peux pas vous dire comme ça m'inquiète, achevat-il en se prenant la tête entre les mains.

Et les gestes de Derizelles, son visage, son accent, exprimaient, en effet, une inquiétude tellement sincère, que Louciot fut lui-même dupe de cette absorption simulée, qui n'était qu'un prétexte dont le père d'Isidore se servait pour retarder l'interrogatoire dont il se sentait menacé, et pour avoir le temps de préparer ses réponses.

— Sans doute, fit Louciot, sans doute, on tient à ses bêtes, c'est tout naturel, et moi-même j'ai eu peur tantôt pour mon mulet, quand on m'a appris que Mélie avait été accrochée à Fontainebleau par la voiture de Montargis. C'est même à la suite de cet accident qu'elle a fait une rencontre à propos de laquelle nous venions...

— Comment, ma pauvre fille, dit Derizelles en regardant Mélie avec solicitude, tu as versé ! Tu n'as point eu de mal ; au moins, il n'y paraît pas.

— Il n'y paraît pas, cependant j'en ai eu tout de même, mon oncle, répondit la jeune fille ; mais ce n'est pas à cause de ma chute.

— L'enfant souffre, beau-frère, interrompit Louciot en désignant sa fille, et c'est à cause de mon neveu; elle a rencontré son cousin à Fontainebleau, savez-vous avec qui?

— Avec la Lizon, mon chère oncle, ajouta précipitamment Mélie; avec la Lizon, qui n'est point partie!

Derizelles secoua la tête en signe de doute.

— Elle est à Fontainebleau... elle y demeure... à l'Ane-Vert, où mon cousin va la voir... je le sais... je les ai vus... dit Mélie, mettant volontairement une lacune entre ses paroles pour les rendre plus affirmatives.

— Ah! ah! ah? s'écria Derizelles en faisant parcourir à cette interjection toute la gamme de l'étonnement douloureux.

Et, se laissant lourdement tomber sur une chaise, il abattit avec lenteur ses bras le long de son corps, comme s'ils eussent été brisés par l'accablement soudain que cause une mauvaise nouvelle inattendue; puis, jetant tour à tour sur son beau-frère et sa nièce un regard plein de désolation, il ajouta en leur serrant la main à tous les deux :

— Cette fille-là est donc venue au monde pour notre malheur à tous?

— Mais vous ne vous doutiez donc de rien? demanda Louciot, déjà à demi convaincu de la bonne foi de Derizelles.

— Moi! reprit celui-ci; mais c'est-à-dire, fit-il en se retournant vers sa nièce, que si le chagrin de cette pauvre et chère enfant ne me témoignait pas de la vérité de ses paroles, c'est-à-dire que je n'y croirais pas.

Louciot ouvrait la bouche pour parler, mais il hésita, et, désignant Mélie par un geste discret, il dit tout bas à son beau-frère : — Vous n'auriez pas un brin d'occupation à lui donner ?

— Ah ! fit Derizelles avec découragement, dans une maison où le garçon n'est bon qu'à chagriner sa famille, et où les bêtes sont malades, vous comprenez que ce n'est pas la besogne qui chôme... Nous avons ici du travail en retard de quoi fatiguer dix bons bras, et il n'y a que les deux miens, qui ont fait leur temps. Aussi depuis que la Liz.., depuis que cette créature est partie, on n'a pas seulement eu un instant pour ranger le linge de la dernière lessive. Ah ! continuat-il en regardant Mélie, bien qu'il semblât s'adresser particulièrement à son père, il est temps qu'il arrive ici une femme qui ait intérêt à empêcher la ruine de la maison. Enfin, vous m'entendez, beau-frère, ajouta Derizelles en prenant la main de Louciot, qui secoua la tête comme pour faire signe qu'il était d'accord avec sa pensée.

Mélie, ayant compris que son père désirait rester seul avec son oncle, se proposa pour aller mettre le linge en ordre dans les armoires. Comme elle en demandait les clefs à Derizelles, celui-ci, en les lui donnant, l'embrassa paternellement, et lui montrant la ceinture de son tablier :

— Ah! chère enfant, lui dit-il, il y a longtemps qu'elles devraient être accrochées là. Et comme elle se dirigeait vers la porte :

— Ah! mon enfant, écoute un peu. Il y a dans un coin de l'armoire une bouteille de ratafia que ta chère et regrettée tante défunte avait distillée elle-même peu de temps avant qu'elle t'ait fait porter une robe noire; tu prendras bien garde de la casser... On ne la débouchera que le jour... où ton cousin te fera porter une robe blanche.

Derizelles, qui, pour se conserver sa liberté d'action, avait voulu dissimuler jusqu'au dernier moment, s'aperçut bientôt du succès de sa comédie. Si défiants qu'ils fussent l'un et l'autre, son beau-frère et sa nièce étaient demeurés convaincus qu'il ignorait la continuité des relations de son fils avec la servante.

Lorsqu'ils furent restés seuls, Louciot, frappant sur l'épaule de Derizelles, qui semblait plongé dans ses réflexions, lui dit à demi-voix :

— Vous ne savez pas encore tout.

— Qu'est-ce qu'il peut y avoir encore de plus désolant pour moi, pour nous, que ce que je viens d'apprendre?

— Le mal est pourtant plus grand que vous ne le pensez, beau-frère. La Lizon a été renvoyée trop tard...

— Il est inutile de revenir sur le passé, fit Derizelles. Je suis déjà convenu, et je conviens encore que j'aurais dû vous écouter autrefois; mais c'est du présent qu'il faut nous occuper.

— Vous ne me comprenez pas, beau-frère, reprit

Louciot. Quand je dis que la Lizon a été renvoyée trop tard, je veux dire que maintenant il y a une raison pour qu'Isidore soit encore plus attaché à elle qu'il ne l'était auparavant.

Derizelles commença à dresser l'oreille et son visage exprima une inquiétude qui, cette fois, n'était pas feinte. Il somma son beau-frère de s'expliquer plus clairement.

— Ce n'est pourtant pas difficile à comprendre, fit Louciot en baissant la voix ; eh bien, oui, ajouta-t-il, c'est comme je vous le dis. La Lizon...

Il n'eut pas même besoin de compléter sa révélation. Derizelles avait compris.

En une seconde il envisagea toutes les conséquences de cette nouvelle situation. Il vit son fils, père d'un enfant que son mariage allait légitimer, venir lui réclamer, au nom de cet enfant, la restitution d'un bien dont il n'aurait pas eu le temps de jouir.

Le désespoir que lui causait l'avortement probable de toutes ses longues et pénibles combinaisons lui troublaient tellement l'esprit, que, ne songeant plus même à la présence de son beau-frère, il s'écria, en frappant du poing sur la table avec une énergique fureur :

— Eh bien, non, le mariage n'aura pas lieu.

— Quel mariage ? demanda Louciot.

— Ah ! fit Derizelles rappelé à lui-même, je voulais dire que cette misérable voudra sans doute abuser de sa situation pour obliger mon fils à l'épouser ; mais...

— Ah ! pour ça ! lui dit Louciot, heureusement qu'il

n'est pas encore d'âge à pouvoir se passer de votre consentement pour faire une pareille folie. Tenez, beau-frère, il me vient une idée, continua-t-il en s'accoudant sur la table et en faisant un geste comme pour indiquer qu'il allait parler d'or.

Derizelles lui fit signe qu'il écoutait.

— Eh bien, dit Louciot, il faut nous décider à faire un sacrifice... et quoiqu'il soit pénible à un père de famille de transiger avec des créatures comme celle-là, il faut lui proposer une somme d'argent, à la condition qu'elle disparaitra complétement du pays, et qu'elle retournera dans le sien pour y faire des dupes.

Derizelles haussa les épaules en signe de désapprobation.

— La Lizon, dit-il lentement et avec un accent de conviction, la Lizon est une rusée, et, sachant qu'elle peut avoir le gâteau tout entier, elle ne se contentera pas d'un morceau.

En ce moment, l'entretien des deux beaux-frères fut interrompue par l'arrivée du vétérinaire qu'on attendait de Nemours. Derizelles le conduisit à l'écurie. Après avoir examiné la bête malade, le vétérinaire déclara qu'il n'y avait pas d'espoir de la sauver. Il conseilla de l'abattre.

— Tous les malheurs dans un jour, fit Derizelles en levant les mains.

Mélie, ayant eu besoin de demander un renseignement à son oncle à propos de la besogne que celui-ci lui avait donné à faire, était descendue à l'écurie au moment où le vétérinaire donnait le conseil d'abattre le cheval malade et dont il désespérait.

— Eh bien, avait dit Derizelles, puisque la pauvre bête n'en doit pas revenir, faites-lui prendre quelque chose qui la tue tout de suite. J'aime mieux ça que de la voir souffrir, et en vous en retournant à Nemours, envoyez-moi l'équarrisseur pour qu'il vienne l'enlever.

Mélie, qui avait encore à la mémoire l'accident dont elle avait été témoin à l'auberge de l'*Ane-Vert,* interrompit Derizelles.

— Ah! mon oncle, lui dit-elle avec inquiétude, il vaudrait mieux faire emmener le cheval encore vivant, pour qu'on l'abatte au dehors; les bêtes crevées de maladie attirent les mauvaises mouches. Et comme preuve à l'appui de ses paroles, elle raconta l'histoire du roulier de Fontainebleau.

Dérizelles parut consulter le vétérinaire du regard. Celui-ci répondit que les insectes dangereux dont parlait Mélie ne s'attachaient qu'aux cadavres d'animaux déjà en état de corruption, et qu'on n'avait rien à craindre de pareil si le cheval mort était enlevé en temps convenable.

— Au surplus, acheva-t-il en entr'ouvrant les paupières de l'animal dont les yeux avaient déjà perdu l'éclat vital, il n'est pas nécessaire de le tuer, il sera mort ce soir, et demain matin l'équarrisseur pourra venir le prendre.

— C'est égal, fit Derizelles en désignant Mélie, la

prudence ne nuit pas, et puisque la pauvre bête doit mourir, j'aime autant qu'elle meure ailleurs que dans l'écurie.

— Là, ou ailleurs, il n'attendra pas longtemps, fit le vétérinaire ; seulement, profitez du peu de forces qui lui restent pour le faire marcher jusqu'à l'endroit où vous voulez le placer.

Quand il fut parti, Derizelles et son beau-frère, aidés de Mélie, essayèrent de faire mettre l'animal debout. Ce ne fut pas sans efforts qu'ils y parvinrent. Docile à la voix de son maître, il se mit cependant à marcher, la tête baissée, dans l'écurie ; mais ce ne fut point sans résistance qu'il consentit à franchir la porte.

— Pauvre bête ! fit Mélie avec un accent de pitié compatissante ; on dirait qu'il comprend qu'il n'y rentrera plus. Alllons, mon mignon, ajouta-t-elle en lui passant la main dans la crinière comme pour le flatter ; allons, viens !

Mais le cheval restait immobile, soit qu'il eût été saisi par l'action de l'air qui succédait sans transition à la chaude atmosphère de l'écurie, soit qu'il eût en effet instinctivement compris qu'il allait en sortir pour n'y plus rentrer; il fit un mouvement de retour au moment où il mettait les deux pieds de devant sur le pavé de la cour. Relevant alors sa tête alourdie, sur laquelle ses oreilles étaient couchées en arrière, son œil vague s'ouvrit péniblement et s'attacha avec une fixité exprimant le regret sur ses compagnons de travail, qui semblaient le regarder partir avec une intelligente inquiétude. Il regarda ses harnais pendus au-dessus de sa mangeoire, aspira faiblement le chaud brouillard qui s'évaporait de sa litière encore tiède, et fit un pas en arrière comme pour aller s'y recoucher.

— Hue donc! fit Louciot en lui donnant un coup de sabot, hue donc! carcan!

— Ah! mon père! fit Mélie sur un ton de reproche.

— Hé! reprit celui-ci avec indifférence, puisqu'il n'est plus bon à rien, faut-il pas le ménager?

— Attends, fit Derizelles; je sais un moyen de le faire venir tout seul où je veux le conduire. Et s'étant éloigné de quelques pas dans la cour, où se trouvait une charrue, il la traîna jusqu'à la porte d'une grange abandonnée ; puis, faisant claquer sa langue, il montra de loin au cheval le brancard de la charrue qu'il tenait levé.

L'animal pensa que c'était pour aller au travail qu'on l'appelait et, sans qu'on eût besoin de le conduire, il alla se mettre lui-même, comme il en avait l'habitude, au brancard de la charrue que Derizelles faisait reculer, jusqu'à ce que la vaillante bête, rendue oublieuse du mal et de la mort, fût entrée dans la grange, où elle tomba pesamment sur l'aire humide.

— Je savais bien qu'il se laisserait prendre, fit Derizelles en repoussant la charrue dans la cour; et comme pris d'un regret, il ajouta, en refermant la porte de la grange, dans laquelle il s'opposa à ce que sa nièce mit un peu de paille:

— Ah! si j'avais pu me douter qu'il me ferait perdre quatre-vingts pistoles, comme je l'aurais vendu l'autre jour !

La visite du vétérinaire avait momentanément fait oublier au fermier la nouvelle plus intéressante que venait de lui apprendre son beau-frère. Lorsque Louciot et Mélie furent partis, Derizelles, resté seul, réfléchit longuement à la position que pouvait lui créer l'état de la Lizon, dès que celle-ci aurait épousé Isidore.

Lorsque celui-ci revint le soir de Fontainebleau, son père, ayant hâte d'être fixé sur les intentions futures qu'il pourrait avoir à son égard, essaya de le faire parler; mais toutes les ruses de son interrogatoire échouèrent d'abord devant l'impénétrable réserve dans laquelle le jeune homme paraissait être volontairement enveloppé.

Isidore, qui se plaignait d'être fatigué, déclara avoir besoin de repos, et se borna à rappeler à son père que c'était le surlendemain que la Lizon les attendait tous les deux pour la ramener à Saint-Clair.

— J'aurais voulu te causer un moment, fit Derizelles, à propos de ce papier que nous avons été passer l'autre jour chez le notaire ; faudrait que tu viennes faire un tour avec moi sur le terroir, pour que je te montre ce que tu m'as donné et pour que nous établissions nos limites. Si ça ne te gêne pas, nous emmènerons le géomètre.

— Pour quoi faire? fit Isidore; ce qui est à vous est à vous ; ce qui est à moi est à moi : nous n'aurons pas de disputes.

— Je pense bien, mon cher garçon, qu'il ne peut pas y en avoir entre nous ; mais c'est une opération nécessaire, puisque d'ailleurs, maintenant et par l'effet de ta volonté généreuse, ton *tien* et mon *mien* font deux.

— Eh bien, fit Isidore avec indifférence, un de ces jours, nous avons le temps.

— Bien sûr que nous sommes gens de *revue*, puisque nous ne nous quitterons pas ; mais j'aimerais autant que nous fassions cette besogne plus tôt que plus tard, parce que j'ai comme une idée de louer, ou peut-être bien de changer ou de vendre quelque bout de terrain. Tu sais, mon garçon, quand on est propriétaire, on aime à jouer avec son bien.

Isidore se départit de la réserve qu'il avait montrée jusque-là ; au mot de vente, il avait dressé la tête.

— Ah ! vous voulez vendre du bien, fit-il en regardant son père, qui lui-même l'observait attentivement.

— On ne sait pas, on ne sait pas, fit Derizelles. Si je trouvais une bonne occasion, je vendrais peut-être bien quelques morceaux pour me faire un peu de capital que je ferais travailler.

— Eh bien, fit Isidore en se levant, ne vous pressez pas de rien faire. Nous recauserons quand je serai marié, ajouta-t-il en se retirant pour aller se mettre au lit.

Derizelles n'avait parlé ainsi que pour provoquer son fils à quelque réponse dans laquelle celui-ci livrerait à son insu la clef de ses pensées secrètes.

Ses derniers mots, lorsqu'il s'était retiré, laissèrent

Derizelles en tête-à-tête avec une défiance qui le tint éveillé toute la nuit.

Bien que la pièce qu'il habitait fût peu éloignée de la grange où il avait placé le cheval moribond, sa préoccupation était si grande qu'il n'entendit même point le bruit que faisait l'animal en se débattant contre l'agonie.

Derizelles le trouva mort le lendemain matin.

Dans cette même matinée, une circonstance accidentelle vint confirmer les doutes qui l'avaient tenu éveillé pendant la nuit.

Ayant eu besoin, pendant l'absence d'Isidore, de prendre un objet de ménage qu'il savait devoir trouver dans sa chambre, Derizelles aperçut sur la table le code acheté à Fontainebleau par son fils, la veille du jour où ils avaient été chez le notaire. Les seuls livres qu'il eût jamais vus entre ses mains étant des traités spéciaux sur la chasse ou sur l'éducation des chiens, il pouvait s'étonner de trouver un code dans la petite bibliothèque d'Isidore.

Un détail, qui était toute une révélation pour son esprit soupçonneux, lui fit sur-le-champ comprendre toutes les conséquences que pouvait avoir, dans la situation actuelle, la trouvaille qu'il venait de faire.

Comme tous les livres neufs qui n'ont encore été lus que dans un seul endroit, le volume s'ent'rouvrit presque de lui-même dans la main de Derizelles, à mi-partie de la tranche bleue qui contient le code civil et au passage où il traite des donations.

Les feuillets, dont les marges avaient été maculées par le contact du pouce qui les avait tournés, ressemblaient au rudiment d'un écolier dont l'intelligence est rétive, et qui, dans son dépit de ne pas comprendre assez vite sa leçon, a froissé avec impatience les chapitres où elle se trouve. Les pages portaient tous les indices d'une étude pénible et laborieuse. Chacun des articles avait dû être longuement commenté, ligne à ligne, mot à mot, et l'intérêt qui avait guidé le lecteur se trahissait jusque dans la trace encore visible de son ongle, quand il avait souligné, sans doute pour mieux les signaler à son attention, les passages importants du texte judiciaire.

Un de ces articles était en outre annoté par une croix.

Il était ainsi conçu :

« La révocation aura lieu, encore que l'enfant du donateur fût conçu au temps de la donation. »

Si laconiques que fussent ces deux lignes, elles ne pouvaient plus laisser d'incertitude dans l'esprit de Derizelles. Il demeura convaincu qu'Isidore lui redemanderait son bien, non-seulement à la naissance de son enfant, mais le lendemain même de son mariage, qu'il n'était plus en son pouvoir d'empêcher.

Derizelles, résumant la situation, comprit que le célibat d'Isidore pouvait seul lui assurer les avantages de la donation que son mariage devait si prochainement rendre illusoire, et il décida que son fils resterait célibataire.

Pour arriver à ce résultat, il n'avait pas à choisir dans les moyens à mettre à exécution. Un seul s'offrait, certain, mais dangereux, qu'il fût l'œuvre du hasard ou qu'il fût la sienne propre :

C'était la disparition de la Lizon.

Comme Derizelles venait de concevoir cette pensée, les feuillets du volume devant lequel il méditait s'ouvrirent subitement au souffle d'une brise entrée par la fenêtre, et le fermier ne put s'empêcher de frissonner de la tête aux pieds lorsque, sur la dernière page qui s'arrêta sous ses yeux, il lut ces deux mots menaçants : *Code Pénal.*

IX

LE CHARBON.

Pour distraire son esprit de la mauvaise pensée qui venait d'y naître, Derizelles, en quittant la chambre de son fils, était descendu dans son verger, où il trouva le jardinier qui taillait les espaliers.

On était alors dans la première semaine de mars, et depuis quelques jours la douceur persistante d'une atmosphère exceptionnelle avait beaucoup avancé les progrès de la végétation. Des arbres fruitiers, qui sont ordinairement les plus hâtifs à cause de leur exposition favorable, commençaient à se couvrir de boutons, et les pêchers s'étoilaient d'une floraison rose dont le subtil parfum faisait un odorant appel au laborieux vagabondage des abeilles. Réveillée de son engourdissement par la bienfaisante chaleur du soleil qui pénétrait son double toit de paille et d'osier, toute la tribu ailée, secouant la torpeur du *far niente* hivernal, commençait à se mettre en mouvement. Quand on s'approchait des ruches, on entendait gronder sous leur dôme un bruit pareil à celui que murmurent à l'oreille les conques marines dont la spirale nacrée semble un gouffre au fond duquel se lamente encore l'écho de la tempête qui les a jetées au rivage.

Les abeilles n'étaient cependant pas les seuls insectes qui eussent livré le premier essor de leurs ailes aux brises tièdes et balsamiques de cette matinée de soleil. Son premier rayon avait mis en émoi tout le monde ailé, qui vole et bourdonne, cherchant sa vie, et la trouvant qui dans la chasse, qui sur les feuilles ou dans l'herbe, qui même dans les immondices.

Comme Derizelles se promenait dans le verger avec son jardinier, en traversant l'une des allées, il heurta du pied, sans s'en apercevoir, le cadavre d'une pie, tuée quelques jours auparavant par Isidore, qui avait voulu décharger son fusil en revenant de la chasse.

La pie, dont la carcasse avait été ouverte par les coups de bec et les coups d'ongle des bêtes de rapine, n'était plus qu'un squelette informe. Mais dans ces reliefs, les insectes comme la guêpe, le bourdon et les mouches carnassières avaient encore trouvé une proie. Aussi quand Derizelles vint les troubler dans leur festin en mettant le pied sur les restes de l'oiseau qui en était l'objet, tout l'essaim vorace s'enleva en bourdonnant et en traçant autour de lui, dans son vol, des cercles qui semblaient se resserrer davantage.

Derizelles retira le bonnet de coton qui lui couvrait la tête et, le prenant par la houppe, il le fit tournoyer autour de lui pour écarter les mouches dont il voulait éviter le contact et qui s'éloignèrent en effet; puis, s'étant baissé, il ramassa la pie et, la prenant par le bout de l'aile, il la lança par dessus le mur qui séparait son jardin de la plaine. Un instant après, il vit passer au dessus de sa tête l'essaim bourdonnant des mouches, qui parut aller s'abattre vers l'endroit où la pie devait être tombée.

Lorsqu'il eut achevé de donner ses instructions au jardinier, s'étant rappelé qu'Isidore ne devait point tarder à rentrer pour déjeuner, il quitta le verger pour aller le rejoindre. Comme il entrait dans la salle où ils prenaient leurs repas, Derizelles trouva son fils qui, ne l'ayant pas attendu pour se mettre à table, lui souhaita le bonjour entre les deux dernières bouchées.

— Tu aurais pu m'attendre, mon garçon, fit Derizelles en s'asseyant.

— J'étais pressé, et vous ne veniez pas... ma foi... dit négligemment Isidore, prenant peu de souci de la remarque.

— J'étais dans le jardin; tu aurais pu venir me chercher, répliqua doucement Derizelles.

En toute autre occasion, il n'aurait point pris garde, et n'eût point songé à se formaliser si son fils ne l'eût point attendu pour se mettre à table; mais, dans les circonstances actuelles, Derizelles voyait dans ce puéril oubli d'une convenance traditionnelle dans la famille un acte très-significatif.

— Je vais à Fontainebleau, fit Isidore en se levant.

— Je m'en doute, répondit Derizelles.

— Et comme j'ai des acquisitions à faire, je voudrais avoir de l'argent.

— Je m'en vas t'en donner; attends un moment.

— Je suis pressé. Pour ne pas vous déranger, donnez-moi la clé, fit Isidore; j'irai moi-même prendre l'argent dont j'ai besoin.

Derizelles se leva à son tour.

— Combien te faut-il? demanda-t-il à son fils.

— Je ne sais pas bien au juste, fit Isidore en hésitant.

— Fais ton calcul j'irai te prendre la somme, répliqua Derizelles, qui, en se rasseyant, déposa auprès de lui, sur la table, la clé qu'il avait tirée de sa poche.

— Je ferai mon compte là-haut, répliqua Isidore en s'emparant de la clé.

— Mais, fit Derizelles en se relevant de nouveau, tu ne sauras pas trouver, peut-être!

— Bah! il y a donc des cachettes? dit froidement Isidore, qui se laissa cependant accompagner par son père.

Ces façons d'agir étaient certainement de nature à étonner celui-ci, car elles indiquaient chez le jeune homme une disposition à l'autorité qu'il ne lui avait jamais connue.

Hors les vieillards qui thésaurisent, il est rare que les paysans conservent de grosses sommes chez eux ; ils n'aiment pas plus l'écu oisif que le serviteur fainéant.

Derizelles n'avait qu'une douzaine de cents francs dans son secrétaire ; Isidore en prit la moitié.

— Tant que ça ! fit son père en le voyant compter les pièces qu'il glissait ensuite dans un sac.

Et il ajouta en riant :

— Tu vas donc acheter le palais de Fontainebleau ?

— Je me marie dans quinze jours, et il faut que je fasse un cadeau à ma future.

— Eh ! fit Derizelles en souriant, tu fais déjà un assez joli cadeau à la Lizon en lui donnant ton nom ! Si vous étiez raisonnables tous les deux, ajouta-t-il, vous éviteriez de faire de l'embarras à propos de votre mariage ; il fera déjà assez crier dans le pays, et surtout dans la famille ; la Lizon comprendra ça, elle, bien sûr.

— La Lizon, répliqua Isidore, fera ce que je lui dirai de faire, et mon vouloir n'a pas de souci de l'opinion des autres. Je suis mon maître, pas vrai ?

— Sans doute, et tu le dois bien savoir, car tu le dis assez souvent, fit Derizelles. Et comme son fils, après avoir refermé le secrétaire, faisait mine de vouloir en remettre la clé dans sa poche, le fermier étendit la main pour la reprendre.

— Quoi? demanda le jeune homme, feignant de ne pas comprendre.

— Eh bien, la clé, fit Derizelles. Tu l'emportes ! et si j'ai besoin d'argent dans la journée?... Justement, 'ai le mémoire du couvreur à acquitter ; je l'avais remis à la fin de la semaine, nous y sommes.

— A combien se monte ce mémoire ; demanda Isidore en rouvrant le secrétaire.

— A quinze pistoles, mon cher garçon.

Isidore reprit cent cinquante francs dans un tiroir et referma de nouveau le secrétaire.

— Je payerai le couvreur en m'en allant, dit-il.

— Ce n'est point sur ton chemin, fit observer Derizelles.

— Je me dérangerai. Et voyant que son père demeurait immobile et comme pétrifié par la surprise que lui causaient ces allures voisines de la défiance, il ajouta :

— Eh bien, quoi ?

— Rien, fit Derizelles... Seulement, je m'étonne...

— Qu'est-ce qu'il y a d'étonnant !

— Mais, dit naïvement le fermier en montrant la clé que son fils mettait dans sa poche, ordinairement tu n'avais pas l'habitude...

— Ah ! les habitudes, fit Isidore... les habitudes, on n'en a que pour en changer.

— Ah ! mon garçon, murmura Derizelles pendant que son fils descendait l'escalier, on ne me fera jamais croire que c'est toi qui parles, qui penses et qui agis ; tu n'es que le pantin de la Lizon.

Et, pour la seconde fois, l'idée que la disparition de la servante était nécessaire entra dans l'esprit de Derizelles et s'y acclimata.

Peu de temps après le départ d'Isidore pour Fontainebleau, l'équarrisseur de Nemours, envoyé par le vétérinaire, vint demander à Derizelles s'il pouvait enlever le cheval. Comme le fermier ouvrait la porte de la grange où se trouvait le cadavre, une bande de rats s'enfuit à son approche. Ainsi que l'attestaient de sanglantes morsures, elle avait déjà attaqué l'animal dans les parties grasses.

— Eh! dit l'équarrisseur en se baissant, vous savez que si la peau est déjà trouée, je serai obligé de vous faire une diminution sur le prix ordinaire. Non, fit-il après avoir regardé; il n'y a pas grand dommage; mais il y aurait pu en avoir si j'étais venu plus tard.

— Et quand on pense qu'il a été payé cent pistoles! murmura le fermier en regardant le cheval.

— Bah! reprit l'équarrisseur, vous ne perdrez pas toujours tout, puisque la peau en vaut une.

Et, tirant de sa poche une longue bourse de cuir, il y prit deux écus qu'il tendit à Derizelles.

Mais depuis un moment celui-ci semblait absorbé par une pensée soudaine, et il fallut que l'équarrisseur le tirât par le bras pour lui faire prendre son argent.

— Comment! dit le fermier en regardant les deux écus, dix francs pour une bête comme ça!

— Si je pouvais l'atteler à la charrette qui va l'emmener, je vous en donnerais bien cent écus. Mais ce que je vous offre est le prix, vous le savez aussi bien que moi.

— Je veux cinquante francs, fit Derizelles, et pas un décime de moins.

— Va pour cinquante francs, mais vous me donnerez le collier et les harnais avec. Tenez, reprit-il, je donne cent sous de plus, parce que la queue est bien fournie en crin.

— Je ne suis pas le maître de diminuer, répliqua Derizelles, c'est mon fils qui a fait le prix, venez le voir demain.

— Demain ! Mais demain le cheval aura un cent de rats dans les entrailles et un million de mouches sur le corps !

— Ça regarde mon fils, car c'est lui qui a fait le marché, répondit froidement Derizelles en reconduisant l'équarrisseur, qui s'éloignait en haussant les épaules.

Lorsque Derizelles se trouva seul, il revint examiner les lieux. La grange était éclairée par une fenêtre, dont une des vitres en verre bleuâtre et couverte d'une couche de poussière avait été brisée dans l'un des coins. Il constata que c'était par cette ouverture qu'entrait et sortait un essaim de mouches pareilles à celles qu'il avait déjà vues le matin dans son verger.

Pour n'être point atteint par elles, il alla chez lui s'affubler d'un de ces camails en treillis de fer dont les éleveurs d'abeilles se couvrent le visage lorsqu'ils poursuivent les nouveaux rejetons, à l'époque où les ruches essaiment. Derizelles se lia, en outre, les manches de sa blouse au poignet et attacha de même son pantalon autour de ses jambes pour ne laisser aucune entrée aux insectes, qu'il pouvait déjà croire dangereux. Ces précautions prises, il revint dans la grange, et, au milieu du bourdonnement qui augmentait à chaque instant, il boucha l'ouverture formée par l'absence de vitre, en la garnissant avec un tampon de chiffons. Puis il ressortit, après avoir fermé la porte dont il serra soigneusement la clef dans sa poche. S'étant débarrassé ensuite de son affublement, il alla tranquillement vaquer aux affaires courantes de la maison.

Isidore ne revint que le soir, à l'heure du souper.

Il fut court et silencieux; à peine le père et le fils échangèrent-ils quelques paroles, moins par nécessité que pour se dissimuler l'un et l'autre leur commune préoccupation.

Cependant, comme Isidore se levait de table, il rappela à son père que c'était le lendemain qu'ils devaient aller à Fontainebleau pour y chercher la Lizon.

Derizelles ne fit pas d'objection, il demanda seulement à ne partir que dans l'après-midi; il avait de la besogne pour la matinée : notamment il était utile qu'il s'occupât de faire enlever le cheval mort; et comme Isidore s'étonnait que la chose ne fût point encore faite, son père lui expliqua que, n'ayant pas trouvé de sa dépouille un prix suffisant, il avait préféré la garder pour la vendre au piqueur du prince de ***, qui nourrissait son équipage de sanglier avec des *abats* d'animaux. Isidore, qui ne pouvait avoir aucun soupçon, n'en demanda pas plus long, et quitta son père après avoir fixé leur départ pour Fontainebleau au lendemain dans l'après-midi.

Derizelles attendit une heure, et lorsque la respiration sonore et régulière de son fils, qui couchait dans une pièce voisine, l'eut assuré qu'il était profondément endormi, il retourna à la grange.

Supposant que la morsure des mouches pouvait être plus dangereuse depuis douze heures qu'elles étaient renfermées avec l'animal dont le sang, déjà décomposé, devait leur avoir inoculé un principe vénéneux, aux précautions qu'il avait prises le matin, il ajouta celle de se préserver les mains avec une vieille paire de gants qui datait de son règne municipal.

Lorsqu'il pénétra dans la grange, dont il ouvrit et referma discrètement la porte derrière lui, Derizelles n'entendit d'abord d'autre bruit que celui de sa propre respiration, qui était courte et sifflante. Mais en démasquant la lumière de sa lanterne d'écurie, il aperçut les poutres tachées par des groupes de points noirs et immobiles.

Lorsque le rayon lumineux projeté par la lanterne dissipa les ténèbres dans lesquelles les insectes dormaient ivres d'une sanglante pléthore, leur impure saim commença à se mouvoir. Ce fut d'abord un vague murmure, une sorte de bruissement, qui augmentait avec la rapidité du tourbillon. Bien qu'il se crût en sécurité, Derizelles sentait la moite humidité de l'effroi mouiller sa chemise chaque fois qu'une des mouches, encore étourdie par la lourdeur d'un sommeil troublé, heurtait de son vol lourd le treillis de son camail.

Dans un moment où tout l'essaim rassemblé bourdonnait autour de lui, il crut sentir le masque préservatif quitter son visage. Le cordon, mal attaché, venait de se dénouer, et, par une étroite issue, un des insectes pestiférés s'était glissé dans les cheveux du fermier, qui n'eut que le temps de le prendre et de le jeter sur l'aire de la grange, où il l'écrasa.

Lorsqu'il fut remis de sa terreur et qu'il eut rattaché son camail, il enduisit une des vitres de la fenêtre d'une légère couche de miel, et, armé d'une perche au bout de laquelle flottait un haillon, il le promena sur les poutres où l'essaim était allé se reposer de nouveau. Derizelles s'aperçut bientôt du succès de sa manœuvre. Les mouches, poursuivies et chassées dans la direction de la fenêtre, allaient se coller aux vitres, où elles faisaient ce bruit particulier d'une aile d'insecte frisant la surface polie d'un verre. Attirées par l'odeur du miel, elles ne tardèrent pas à se fixer de préférence sur le carreau qui en était enduit, et lorsqu'elles commençaient à s'engluer dans le piége attractif, Derizelles les faisait tomber une à une, avec une petite baguette, dans une boîte dont le couvercle avait été percé de trous destinés à laisser pénétrer l'air.

Quand il crut sa provision suffisante, il referma la boite et alluma deux ou trois poignées de paille sur lesquelles il jeta un cornet de fleur de soufre, dont l'asphyxiante vapeur devait tuer tout ce qui restait du dangereux essaim ; puis il sortit de la grange avec les mêmes précautions discrètes qu'il avait prises pour y entrer.

Une heure après, Derizelles était dans son lit et s'endormait. Son sommeil était cependant troublé par un songe étrange.

Il rêvait qu'ayant vendu tous les biens de son fils, il se trouvait dans l'étude d'un notaire, où son acquéreur lui avait donné rendez-vous pour lui verser son payement. Mais lorsqu'il ouvrait les sacs rangés devant lui, afin de vérifier la somme, il s'échappait de chacun d'eux une multitude de mouches furieuses qui lui sautaient au visage et lui perçaient la peau avec leurs trompes aiguës.

Puis son rêve changeait tout à coup.

Au lieu d'avoir vendu ses biens, il les avait conservés pour les faire valoir, et se trouvait au centre d'une grande plaine sans limite, guidant une nombreuse troupe de moissonneuses qui marchaient en agitant joyeusement leurs faucilles, où le soleil d'août allumait un rapide éclair.

La moisson commençait, des sillons entiers tombaient d'un seul coup couchés sur le sol, et d'eux-mêmes les épis se formaient en javelles ; puis tout à coup, sur un signe d'une moissonneuse qui avait le costume et les traits de la Lizon, un point noir tachait le bleu du ciel, s'étendait, se fonçait, s'épaississait jusqu'à obscurcir le soleil, et crevait subitement en pluie de mouches de feu qui incendiaient la moisson. Derizelles, épouvanté, voulait fuir : mais le rêve mobile se transformait encore...

A la plaine en flammes succédait un désert de neige au milieu duquel il se trouvait engagé jusqu'aux genoux sans pouvoir faire un pas pour rejoindre sa maison, dont il voyait briller la vitre et fumer la cheminée. Il lui semblait que le ciel, bas et lourd, lui pesait sur l'épaule et l'enfonçait encore dans la neige. Puis, à une courte distance de lui, il voyait une ombre armée qui lui criait d'avancer au-devant d'elle, et comme il ne pouvait pas se mouvoir et qu'il essayait d'expliquer son immobilité par des gestes, l'ombre le couchait en joue, l'éclair d'un coup de feu déchirait l'obscurité, il se sentait frappé à mort, et comme il se débattait dans l'agonie, un vol de corbeaux, qui tournoyait au-dessus de sa tête, s'abattait sur lui avec des croassements sinistres.

Le chant matinal du coq réveilla Derizelles et fit cesser ce cauchemar.

Comme il était petit jour et qu'il n'avait plus le cœur au sommeil, il se leva et but un grand coup d'eau-de-vie pour dissiper l'impression que lui avaient causée ses mauvais rêves.

En voyant, à l'état du ciel, que la journée qui commençait s'annonçait comme devant être aussi belle et aussi chaude que la veille, il pressentit qu'il serait imprudent de conserver plus longtemps la dépouille déjà corrompue de son cheval, et l'ayant, avec l'aide de deux voisins, chargé sur une charrette, il le porta à l'équarrisseur de Montigny, un village voisin, et le vendit pour le prix qu'on lui en offrit.

Cette besogne faite, Derizelles revint chez lui, mettre la dernière main à l'œuvre qu'il méditait.

La chambre occupée par la Lizon était située à l'extrémité de la maison. C'était une pièce de six pieds carrés, meublée seulement d'une table, d'un lit, d'une chaise, et d'une de ces antiques armoires de province dans lesquelles on pourrait faire entrer tout un mobilier parisien. Le lit s'enfonçait dans une alcôve drapée de vieux rideaux de cotonnade imprimée, représentant les principaux épisodes des *Aventures de Télémaque*. Au fond de l'alcôve était un Christ d'ivoire sur une croix d'ébène, au bas de laquelle se trouvait une coquille destinée à recevoir l'eau bénite. Dans cette coquille trempait un brin de buis. Au milieu du plafond de cette chambre se trouvait pratiquée une sorte d'ouverture appelé judas, et qui communiquait avec une pièce située à l'étage supérieur.

Derizelles, qui avait apporté avec lui un pot de miel, y plongea une plume dont il essuya les barbes entre les plis des rideaux enveloppant le lit de la Lizon. Allant au-devant de toutes les éventualités hasardeuses qui pourraient faire échouer son projet, dans la supposition que la servante, avant de se coucher, pourrait avoir l'idée d'ouvrir la fenêtre, il attacha l'espagnolette avec une corde à laquelle il fit un nœud inextricable, et, dans sa prévoyance de toute chose, il alla même jusqu'à préparer l'explication du fait au cas où elle pourrait lui être demandée.

— Je dirai, pensa-t-il, que j'ai attaché la fenêtre, dont les battants joignent mal, pour empêcher que le vent ne l'entr'ouvre et ne brise les carreaux, comme cela est déjà arrivé. Le précédent justifiera la précaution.

Puis il descendit se mettre à la disposition de son fils. Une heure après ils partaient pour Fontainebleau.

Lorsqu'ils arrivèrent à l'*Ane-Vert*, où les attendait la Lizon, celle-ci eut une sorte de mouvement répulsif en apercevant Derizelles.

— Eh bien, ma fille, lui dit-il en ouvrant les bras, ne viens-tu pas m'embrasser ? Et voyant qu'Isidore ne pouvait l'entendre, il ajouta, en baissant la voix cependant :

— Ne t'avais-je pas dit que je reviendrais te chercher ?

D'accord avec son père et la servante, que Derizelles avait décidée à ce retard, Isidore consentit à ne retourner à Saint-Clair que le soir, pour ne point provoquer une manifestation malveillante.

— Nous souperons ici, fit Derizelles avec gaieté. La cave de l'*Ane-Vert* est réputée. J'y ai bu jadis un certain vin qu'on récolte dans les vignes du pape, à Avignon, et qui met ceux qui le boivent dans les vignes du Seigneur. Ça coûte bien, ma foi, un écu pour faire sauter le bouchon. Mais les bouchons sont faits pour sauter, comme les écus sont faits pour rouler ; pas vrai, ma fille ? ajouta-t-il en regardant la Lizon, qui, bien heureuse de toucher au but de ses rêves, s'abandonnait avec plus de confiance à la bonhomie de son futur beau-père.

Le repas fut cordial et assez amplement arrosé par le capiteux *Château-Neuf* pour que la Lizon et Isidore, qui étaient peu habitués à boire, se sentissent la tête un peu lourde au moment où ils quittaient la table.

Quant à Derizelles, il feignait l'ivresse complète et le besoin de sommeil ; aussi pressa-t-il le moment du départ.

Le retour fut très-rapide et faillit être signalé par un accident qui était moins l'œuvre du hasard et de la maladresse que ne le supposa Isidore.

Derizelles conduisait, en fredonnant entre ses dents, et d'une voix en apparence avinée, une sorte de complainte qui commençait ainsi :

> Bridez mon cheval, mettez-y la selle,
> C'est pour aller voir Madelon, la belle.
> Don ! daine !
> C'est l'amour qui nous mène.

Et regardant tour à tour la servante, qui était assise auprès de lui sur la banquette, et qui de temps en temps se retournait pour parler à Isidore placé derrière elle au fond de la carriole, Derizelles recommença le couplet en le modifiant ainsi pour la circonstance :

> Trottez, mon cheval, sur la route belle,
> C'est pour emporter ma Lizon fidèle.
> Don ! daine !
> C'est l'amour qui nous mène.

Et comme il achevait ce vers, piquant un coup de fouet sous le ventre de son vigoureux bidet, le fermier le lança à fond de train sur la route, et au tournant d'un carrefour, où il connaissait une borne de myriamètre brisée, il y accrocha si violemment sa charrette, qu'elle oscilla un instant comme si elle allait se renverser. Elle reprit cependant son équilibre ; mais le cahot avait été si rude, que si Isidore n'avait point passé son bras autour de la taille de la Lizon, celle-ci aurait pu être précipitée.

— Ah ! lui dit-elle tout bas, tandis qu'elle étreignait avec inquiétude son flanc entre ses deux mains, j'ai eu peur, Isidore.

— Eh ! mon père ! fit le jeune homme avec humeur, vous n'y voyez donc pas ? Laissez-moi conduire.

— Au contraire, mon garçon, reprit Derizelles en feignant de plaisanter ; j'y vois double ! Mais il n'y a plus de danger : maintenant, la route est plate comme un tapis de billard :

> Don ! daine
> C'est l'amour qui nous mène.

acheva-t-il entre ses dents.

Un quart d'heure après, on était arrivé à la ferme sans nouvel accident.

Pendant que son fils, aidé de la Lizon, dételait le cheval et remisait la charrette, Derizelles monta dans la chambre qui était au-dessus de celle où la servante devait aller coucher, et ayant ouvert le judas par lequel les deux pièces se communiquaient, il répandit dans la chambre de la jeune fille le contenu de la boîte au couvercle percé de trous. Puis, ayant rapidement fermé le judas, il redescendit chez lui.

Un quart d'heure après, il reconnut dans l'escalier le pas de la Lizon, et il l'entendit mettre, dans la serrure de sa porte, la clef qu'il lui avait remise en arrivant. Et comme il ne se sentait pas de disposition au sommeil, Derizelles ouvrit la fenêtre et regarda les étoiles.

La Lison, qui avait presque toujours été souffrante depuis son départ de Saint-Clair, et qui d'ailleurs se trouvait brisée par les rudes secousses que lui avaient fait éprouver les nombreux cahots de la charrette, se mit au lit dès qu'elle fut rentrée. Ainsi que l'avait prévu Derizelles lorsqu'il avait jeté dans la chambre l'essaim des mouches empoisonnées, celles-ci, attirées par l'odeur du miel dont il avait imprégné les rideaux, s'étaient presque toutes jetées dans leurs plis, et lorsque la Lizon les écarta pour entrer dans l'alcôve, après avoir éteint sa chandelle, les insectes commencèrent à bourdonner autour d'elle, mais cet émoi passager n'avait pas duré assez longtemps pour que la jeune fille pût remarquer le nombre des hôtes meurtriers qui l'entouraient, car aussitôt que l'obscurité régna dans la chambre, le silence s'y rétablit.

Le matin, à la pointe du jour, Derizelles était dans la cour, attelant un cheval à la carriole suspendue dont il se servait pour aller en course. Isidore ne fut pas moins matinal. Ce jour même étant celui de la clôture de la chasse, il avait voulu être un des premiers dans la plaine où les perdreaux commençaient à s'appareiller.

En voyant son père faire des préparatifs de départ, et comme celui-ci ne lui avait point dit la veille qu'il aurait à s'absenter, il lui demanda où il allait.

Derizelles prétexta la nécessité d'un voyage à Melun et annonça qu'il ne rentrerait sans doute que le soir pour le souper.

— Alors, fit Isidore, la maison restera donc toute seule aujourd'hui, car moi-même je chasserai jusqu'au coucher du soleil.

— Il y aura la Lizon, répondit Derizelles ; mais comme on ignore son retour dans le pays, mieux vaut qu'elle ne se fasse point voir. Aussi je lui dirai de ne pas sortir et de ne pas répondre si on venait demander après nous pendant notre absence.

Comme Derizelles achevait, une détonation d'arme à feu retentit dans le voisinage, et presque aussitôt la voix d'un chien se fit entendre.

— Ah ! fit Isidore en frappant du pied avec colère, c'est le chien de Firmin. Gageons qu'il a levé le lièvre qui est dans nos pommes de terre. Et comme il était déjà tout équipé et prêt à partir, il siffla son chien et gagna aussitôt la plaine par la porte du verger.

Quand Derizelles fut seul dans la maison, il ramassa une pierre et la jeta dans la croisée de la chambre où dormait la Lizon.

La vitre vola en éclats, violemment frappée par le caillou, qui roula jusqu'au pied du lit où la servante, encore plongée dans un profond sommeil, se réveilla en sursaut.

Après avoir rapidement passé une jupe, elle court à la fenêtre, qu'elle essaya d'ouvrir sans pouvoir y parvenir. Elle aperçut dans la cour Derizelles, qui la regardait, et qui surtout regardait les mouches, attirées par le soleil et par l'air extérieur, sortir une à une par l'ouverture qu'il venait de leur pratiquer volontairement.

La Lizon, encore à moitié endormie et troublée par le bruit qui venait de la réveiller subitement, ne prit point garde à leur fuite, et demanda à Derizelles ce qui était arrivé.

— C'est moi, lui cria-t-il en faisant le geste d'un homme qui lance une pierre. — J'ai aperçu tout à l'heure sur le toit une mâtine de fouine qui m'a empêché de dormir toute la nuit. J'ai voulu la tuer avec un caillou, mais je n'ai pas mis *au droit*. Et par manière de réflexion il ajouta : C'était bien la peine que j'attache la fenêtre avec une corde pour empêcher le vent de casser les carreaux !

— C'est dont ça aussi que je ne puis pas l'ouvrir, fit la Lizon.

— Descends, lui cria Derizelles, j'ai à te parler.

— Je m'habille et j'y vais, répondit la servante.

Comme elle passait son bras dans la manche de sa robe, il lui parut qu'elle ressentait à l'épaule une sorte d'engourdissement douloureux. Mais elle ne s'en préoccupa pas autrement et se hâta de se vêtir pour rejoindre Derizelles.

— Pour lors, ma fille, lui dit-il, te voilà donc revenue, et après-demain, à la grand'messe, tu auras, si tu le veux, le plaisir d'entendre publier tes bans. Mais, mon fils et moi, nous sommes d'avis que tu ne te fasses pas voir encore. Ainsi, si l'on venait nous demander, tu n'ouvriras pas... à personne.

— Vous partez donc? demanda la servante en portant la main à son épaule.

— Je vais en course pour affaires, et je ne rentrerai que ce soir, sur le tard; Isidore aussi, probablement, car c'est aujourd'hui qu'on ferme la chasse. J'espère bien, ajouta-t-il familièrement, que lorsque tu seras sa femme, tu feras tes efforts pour modérer un peu cette passion-là. Qu'est-ce que tu as donc, ce matin, je te trouve un peu pâle; est-ce que tu as mal dormi?

— Non, répondit la Lizon en passant sa main sur ses yeux; mais je me sens, comme ça, un peu engourdie; ça va passer quand j'aurai pris mon café.

— C'est notre petite ribote d'hier qui t'aura un peu alourdi la tête, répliqua Derizelles. Il est bon, le vin du Pape, faudra en faire venir pour boire à la noce ; et, continue-t-il en regardant la servante et en baissant la voix, nous en garderons une bouteille pour le baptême.

— Ah ! dit la servante en baissant les yeux, Isidore vous a donc dit...

— Non ; mais j'ai bien deviné que j'allais être grand-père. Et voyant l'embarras qu'il causait à la jeune fille, il reprit :

— Eh bien, quoi, mon enfant ? Pour manger les dragées un peu plus tôt qu'on ne devait les attendre, elles n'en seront pas moins bonnes. Puisque tu fais du café, fais-en pour deux, acheva-t-il. Moi aussi, je me sens la cervelle épaisse ; c'est ce diable de vin d'hier... fameuse boisson, mais casse-tête en diable !

Comme la Lizon taillait du sucre pour le café qu'elle venait de servir, il lui sembla que le mouvement qu'elle imprimait à son bras lui fit ressentir, mais plus sensiblement, l'espèce de douleur sourde qu'elle avait déjà éprouvée en s'habillant ; et s'en plaignit machinalement à Derizelles.

— C'est probablement le contre-coup du cahot d'hier soir, quand j'ai failli verser sur la route, lui répondit-il.

— Ça se peut bien, fit la servante, à qui l'explication parut naturelle. Cependant ça me fait comme une démangeaison de piqûre. Et comme elle achevait de parler, elle s'aperçut que la tasse que Derizelles s'apprêtait à porter à ses lèvres tremblait si fort dans sa main que le contenu se répandit sur la table.

— Tiens ! lui dit-elle, on dirait que vous tremblez.

— Toujours comme ça quand je prends du café noir, répondit-il. Ça flatte mon goût, mais c'est malsain pour mon tempérament. Allons ! ma fille, à ce soir ! ajouta le fermier... et... si on venait, n'ouvrez pas.

— C'est convenu, dit la Lizon. Je vais mettre la maison en ordre.

— Ah ! dame, tu dois t'apercevoir de ton absence, fit Derizelles. Et comme la servante voulait l'accompagner pour fermer la porte derrière lui :

— Non, lui dit-il, on pourrait te voir. J'ouvrirai et refermerai moi-même. Au cas où je serais forcé de m'attarder, j'emporte la clef, pour ne pas vous réveiller la nuit.

— Eh bien ! et Isidore ?

— Il rentrera par le verger.

— Je serai donc enfermée ? dit la Lizon.

— Qu'est-ce que ça fait, puisque tu n'as pas besoin de sortir ? répliqua Derizelles.

— Douze heures toute seule, murmura-t-il lorsqu'il fut dans la rue. Quand nous reviendrons, il sera trop tard.

La Lizon se mit aussitôt à ranger dans la maison. Mais, au bout d'une heure, elle dut s'arrêter, à cause de sa douleur d'épaule, qui semblait s'étendre jusque dans le bras. Elle défit sa robe et regarda la place, où elle n'aperçut qu'une sorte de tache noire et ronde qui ressemblait à du sang extravasé, à la suite d'un coup ou d'une chute.

Elle pensa, comme le lui avait dit son futur beau-père, que cette tache était le résultat du violent cahot qui avait failli la précipiter hors de la charrette; et comme au même instant elle fut prise d'un éblouissement qui l'obligea à s'appuyer pour ne point tomber, elle attribua cet autre symptôme, qui ne lui était pas étranger depuis quelque temps, à son état de maternité.

Cependant d'heure en heure le mal faisait des progrès. La douleur devenait plus sensible, l'enflure plus visible. La Lizon imagina de se laver avec de l'eau salée; mais lorsqu'elle retira, non sans difficulté, son bras de sa manche devenue trop étroite, elle poussa un cri en voyant que la tache noire qu'elle avait remarquée déjà s'était étendue jusqu'aux approches du poignet.

Comme elle s'épouvantait de ce mal étrange dont elle ne pouvait s'expliquer l'origine, la cousine d'Isidore, qui faisait de l'herbe pour sa chèvre dans un champ situé derrière le verger de son oncle, entendit le cri de la Lizon qui courait éperdue dans toute la maison où elle se croyait enfermée. Décidée à appeler au secours, celle-ci était montée à sa chambre, d'où elle pouvait de sa fenêtre voir dans la plaine par-dessus la clôture basse du verger. En ce moment, Mélie, cherchant d'où pouvait venir le cri de détresse qu'elle venait d'entendre, relevait la tête et aperçut sa rivale qui venait de l'apercevoir elle-même et lui faisait des signes d'appel.

— Elle est revenue, fit Mélie, laissant tomber l'herbe qu'elle portait dans son tablier ; et, comme pétrifiée par l'apparition de la Lizon, elle resta un moment immobile à regarder la fenêtre d'où la servante lui renouvelait son appel avec plus de véhémence. Mélie allait faire le tour pour entrer chez son oncle par la rue ; mais elle se rappela qu'un instant auparavant elle avait vu la porte du verger ouverte. Isidore, en effet, lorsqu'il était parti pour la chasse, était si pressé de courir après le lièvre qu'il avait entendu mener, que, dans sa précipitation, il n'avait point refermé l'entrée du jardin.

En moins d'une minute, Mélie était auprès de la servante, qui, avant d'avoir pu lui expliquer pour quel motif on l'avait appelée, eut à subir de la part de la jeune fille un flot d'interrogations et de reproches. Elle avait en parlant cette éloquence sauvage que le désespoir donne à toute passion vraie, et les rudes accents de sa jalousie exprimaient une si profonde douleur, que la Lizon même se sentit émue et oublia un instant son mal pour la plaindre.

— Que me veux-tu ? pourquoi m'appelles-tu ? demanda enfin Mélie.

La Lizon lui raconta alors, avec une agitation de paroles entrecoupées et de gestes fiévreux, la souffrance qu'elle éprouvait depuis le matin et qui allait toujours en augmentant, et quand elle eut achevé, elle lui découvrit son épaule et son bras.

— Qu'est-ce que... que c'est... que ce mal-là...

Mélie... sais-tu? fit-elle. Comme elle balbutiait cette interrogation, une sorte de susurrement d'ailes se fit entendre dans la chambre, et une des mouches qui était restée dans l'alcôve effleura presque la figure de Mélie au moment où celle-ci se penchait pour examiner le bras de la Lizon.

La jeune fille fit un mouvement d'effroi et se jeta en arrière.

— Qu'as-tu donc? lui demanda la Lizon.

Mélie, sans lui répondre, prit son mouchoir, le tordit en tampon et, frappant sur la vitre où la mouche battait de l'aile, retenue par cette sorte d'attraction que le verre exerce sur ces insectes, elle la fit tomber à terre.

La servante la regardait faire avec étonnement.

Mélie voyant que la mouche restait immobile sur le carreau de la chambre, la ramassa, et l'ayant regardée avec attention :

— Oui, murmura-t-elle comme se parlant à elle-même, pareille à celle de l'autre jour.

Et se retournant vers la Lizon qui la regardait faire sans comprendre, mais cependant instinctivement épouvantée :

— Tu me demandes ce que tu as? eh bien, tu as la mort là-dedans, fit Mélie en lui touchant le bras sur lequel les progrès de l'enflure étaient devenus presque sensibles à l'œil. — Et voilà ce qui te tue, ajouta-t-elle en écrasant la mouche sous son pied.

— Mélie! Mélie! cria la Lizon chancelante.

— Tu es empoisonnée, continua la cousine d'Isidore ; c'est une mouche à charbon qui t'a piquée.

— Au secours ! au secours ! cria de nouveau la Lizon en faisant un bond vers la porte.

Mais Mélie l'avait prévenue, et avant qu'elle eût pu la franchir, elle s'était placée devant, après l'avoir fermée avec la clef, qu'elle mit dans sa poche.

— Ecoute, Lizon, lui dit-elle à voix basse, mais en paroles pressées, devant Dieu sur sa croix, je te jure que c'est la mort que tu as dans les veines ; cependant tu pourrais être sauvée peut-être si tu étais secourue tout de suite. Eh bien, jure-moi devant la croix que tu renonces à mon cousin ; jure-moi que tu partiras malgré lui, que tu iras dans un pays très-loin ; jure-moi encore que tu ne chercheras pas même de loin à ce qu'il se souvienne de toi, j'irai te chercher du secours. Si tu refuses de me faire ce serment, moi, je te jure, Lizon, que je vais m'asseoir en face de toi et que je te regarderai mourir.

— Eh bien, Mélie, fit la Lizon en allant chercher une chaise sur laquelle elle s'appuyait pour marcher, voilà un siége ; assieds-toi donc et regarde.

— Tu ne veux pas jurer ?

— Je ne veux pas mentir.

Mélie resta une minute sans rien dire et à regarder la servante. Puis s'étant approchée d'elle, elle la prit par la main et l'attira vers le lit dont elle écarta les rideaux pour lui montrer la croix qui était au fond de l'alcôve.

— Demande à Dieu que le médecin arrive à temps, lui dit-elle tranquillement; je vais te le chercher.

Comme Mélie traversait en courant la grande rue de Pontizy, elle fut arrêtée par le secrétaire de la mairie, qui était son parrain.

— Eh! filleule! lui demanda-t-il, où cours-tu si vite?

— Ne me retenez pas, je suis pressée.

— Est-ce à cause de la nouvelle? lui dit son parrain.

— Quelle nouvelle?

— Mais le mariage de ton riche cousin Derizelles avec la belle Lizon *sans le sou*.

— Ça, dit Mélie avec conviction, ça n'est pas vrai.

— Tiens, petite, dit l'employé de la mairie en ouvrant le grillage derrière lequel on affiche les actes de la municipalité et en y accrochant un papier, voilà comme ça n'est pas vrai; et il lui montra le premier ban du mariage d'Isidore avec sa rivale.

Quand elle eut achevé la lecture, Mélie reprit sa course dans la direction de la maison où habitait le médecin de Pontisy. Comme elle tirait le bouton de la sonnette et qu'on ne venait pas lui ouvrir, une dernière pensée d'égoïsme traversa son esprit.

— Ah! s'il pouvait ne pas y être! murmura-t-elle intérieurement Mais au même instant elle reconnut à l'intérieur la voix du vieux médecin qui appelait sa servante pour que celle-ci allât ouvrir.

— Eh bien! pensa Mélie quand elle sentit la porte

céder sous sa main, voilà tout, c'est moi qui mourrai !

Les soins douteux et hésitants d'un vieil officier de santé dont la science était bornée, ne purent arrêter chez la Lizon les progrès d'un mal qui a pour caractère principal d'étendre ses ravages avec une foudroyante rapidité.

Elle mourut vingt-quatre heures après son retour à Saint-Clair.

En ouvrant les yeux pour la dernière fois, elle aperçut Mélie, qui ne l'avait pas quittée, et dont l'attitude et les pleurs silencieux attestaient une pitié sincère. Auprès de la jeune fille se tenait Isidore, la tête enfouie entre ses mains et refusant de regarder la Lizon, malgré les appels que lui adressait celle-ci. Comme elle allait mourir, n'ayant déjà plus la force d'exprimer sa pensée par la parole, elle se pencha vers Isidore, lui prit la main de force, et, l'obligeant à la regarder, elle lui montra Mélie en même temps qu'elle mettait la main du jeune homme dans celle de sa cousine.

Mélie secoua la tête négativement, et son cousin retira sa main pour reprendre sa première posture.

La Lizon voulut faire un suprême effort pour parler; mais ses yeux commencèrent à rouler dans leurs orbites avec une rapidité effrayante, en même temps que sa langue convulsionnée se tordait dans sa bouche, ouverte déjà par le sinistre rictus de l'agonie.

En poussant le dernier soupir, elle retomba si lourdement sur son chevet, que le peigne qui retenait ses cheveux se brisa en heurtant le bois de lit.

Mélie lui releva la tête, qu'elle appuya bien au milieu de l'oreiller, et, prenant le rameau de buis qui trempait dans le bénitier, elle en aspergea le visage de la morte, dont les membres s'allongeaient déjà pour l'éternelle immobilité. Comme elle la recouvrait avec le drap, un grand bruit se fit entendre dans les escaliers. C'était le chien Tambeau qui s'était échappé du chenil où il avait laissé une moitié de sa chaîne, brisée à force de la secouer. Depuis la veille, le chien flairait le retour de la Lizon, qui l'avait elle-même élevé et pour qui elle avait toujours une caresse ou une bonne parole. N'ayant pu la voir encore et la sentant dans la maison, l'animal accourait, attiré, guidé peut-être par l'instinct particulier à sa race. En l'entendant japper et gratter à la porte, Mélie, par respect pour la chambre devenue un lieu funèbre, voulut le chasser; mais Tambeau lui glissa entre les jambes et bondit vers le lit, sur lequel il s'appuya avec ses deux pattes de devant. Une des mains de la Lizon dépassait sous le drap trop étroit; le chien, qui flairait avec inquiétude, la lécha doucement, et, faisant un bond subit dans la chambre qu'il parcourait en tournant, il la remplit d'un hurlement lamentable auquel répondit non-seulement toute la meute d'Isidore, mais aussi tous les autres chiens du pays, réveillés dans leur sommeil.

Derizelles, qui revenait de Melun où il s'était volontairement attardé, entendit des abois plaintifs comme il quittait la route pour entrer sur le pavé de Saint-Clair.

Il arrêta un moment son cheval, prêta l'oreille, et, au milieu de tous ces aboiements, il reconnut la voix du chien favori de son fils. Comme il continuait sa route, il croisa dans la rue un de ses voisins qui allait au marché.

— Eh! voisin Derizelles, lui dit celui-ci, les chiens de votre fils gueulent drôlement; est-ce qu'il y aurait un malheur chez vous?

Derizelles pressa le pas de son cheval, et, pendant le reste du chemin, il se prépara une figure de circonstance.

En voyant le désespoir du chien Tambeau, qui allait du lit de la Lizon à son maître et de son maître au lit, Isidore, qui jusque-là n'avait point dit un mot, pas jeté un cri, pas versé une larme, laissa éclater toute sa douleur.

— Ah! mon pauvre Tambeau! s'écria-t-il en étreignant l'animal entre ses bras, elle est morte? Et, se laissant tomber au pied du lit, il se frappait le front sur le bois en répétant :

— Elle est morte, la Lizon! mon pauvre Tambeau, elle est morte! Et ses sanglots, ses cris, qui n'avaient rien d'humain, se mêlaient aux hurlements du chien, dont les cris avaient, au contraire, quelque chose de la plainte humaine.

Puis, ayant aperçu Mélie qui le regardait en s'essuyant les yeux avec sa manche, Isidore se leva tout à coup, et d'une voix presque menaçante, il lui dit en lui montrant le lit :

— Qu'est-ce que tu fais là, toi?

— Je vous plains; ah ! je vous plains, mon cousin, répondit-elle simplement.

En ce moment, le bruit d'une carriole qui s'arrêtait à la porte de la rue se fit entendre.

— C'est mon oncle, dit Mélie en prenant une lumière pour aller au-devant de Derizelles et lui annoncer la nouvelle.

En apprenant la mort presque subite de la Lizon, le père d'Isidore eut un cri d'étonnement et de stupeur douloureuse qui, dans un théâtre, aurait soulevé toute la salle. Puis se reprenant et regardant sa nièce avec un air d'intelligence : — C'est égal, mon enfant, lui dit-il, voilà un accident qui va bien changer les choses. J'avais été presque forcé de donner mon consentement à un mariage que je n'approuvais pas. La volonté d'en haut s'est opposée à la volonté de mon fils. Il en souffrira d'abord; mais, comme à un mal sans remède il n'y a que des regrets inutiles, il oubliera la défunte, surtout si tu le rencontres souvent pour la lui faire oublier.

Comme elle avait déjà fait avec la Lizon elle-même, quand celle-ci avant de mourir avait éveillé cette pensée dans son esprit, Mélie secoua négativement la tête en regardant son oncle.

— Indiquez-moi, lui dit-elle, où sont les chandelles, pour que j'en allume auprès du lit.

— Comme ça se trouve, fit Derizelles en tirant un paquet de sa poche. J'ai apporté des *cires* pour la lanterne de ma voiture. Et il donna deux bougies à Mélie.

— Ne venez-vous pas consoler un peu mon cousin, qui est bien triste? lui dit-elle.

— Que si fait, j'y vais, ma bonne fille, répondit le père d'Isidore. Et en suivant sa nièce dans les escaliers, il balbutiait en montant chaque marche :

— Une créature si forte, solide comme une maison de pierre; une fille qui aurait fait ployer les genoux à un bœuf, et qui portait vingt bottes au bout d'une fourche aussi facilement que je soulève un petit verre! Comme ça... dans un jour... à peine encore... le temps d'aller à Melun et d'en revenir, et puis plus rien! Ce que c'est que la vie, pourtant! Et voyant que Mélie penchait un peu trop les deux flambeaux qu'elle tenait dans ses mains :

— Prends garde, ma fille, lui dit-il, ta bougie coule.

Lorsqu'ils entrèrent dans la chambre funèbre, Mélie trouva son cousin dans la même position où elle l'avait laissé. A genoux auprès du lit, sur lequel il était accoudé, il regardait vaguement la silhouette rigide que le corps dessinait sous les plis du drap tendu. De temps en temps, Tambeau, redevenu silencieux, se dressait sur ses pattes et léchait les larmes salées qui mouillaient le visage de son maître.

Derizelles s'était découvert en entrant, et il avait fait le signe de la croix. A son approche, Tambeau avait grogné sourdement.

— Mon cousin, fit Mélie en frappant sur l'épaule d'Isidore, c'est mon oncle.

Le jeune homme releva la tête, et, voyant l'attitude respectueuse de son père, il lui montra le lit en murmurant :

— Ah! ce malheur...

Mélie, qui avait placé les deux flambeaux sur une table près du lit, détacha le crucifix qui était dans l'alcôve et le posa sur le drap qui recouvrait la défunte, après avoir pris la précaution de vider dans un verre l'eau bénite que renfermait la coquille ; puis trempant le brin de buis dans le verre, elle l'offrit à Derizelles ; mais comme il s'approchait pour asperger la morte, Tambeau, quittant les pieds de son maître, se mit entre l'alcôve et Derizelles.

— Eh bien, oui, fit celui-ci, tu es là aussi ; c'est bien, tu es reconnaissant.

Mais comme il avançait la main pour secouer le rameau de buis, le chien lui sauta à la main et le mordit si vigoureusement que le père d'Isidore jeta un cri.

Le matin, dans Saint-Clair, on apprit la mort de la Lizon en même temps qu'on apprit son retour, et au milieu de tous les commentaires que fit naître cette mort presque subite, quand on en connut la cause, aucun soupçon n'atteignit Derizelles.

Une grande inquiétude s'ajoutait cependant au désespoir d'Isidore ; il craignait que personne dans le pays ne voulût accompagner le corps de la Lizon au cimetière. Comme il témoignait cette crainte devant sa cousine, celle-ci lui promit la présence de toutes les femmes et de toutes les filles qu'elle connaissait.

— Quand ça ne serait que pour m'y voir, lui dit-elle tristement, le monde viendra.

Mélie, en effet, décida presque toutes les *veillées* (on appelle ainsi les réunions où les femmes se rassemblent pour travailler le soir) à venir à l'enterrement de la Lizon. Si on lui adressait quelques objections :

— Puisque leurs bancs étaient publiés, répondait-elle, c'est à peu près comme s'ils avaient été mariés.

La Lizon fut enterrée le lendemain dans le coin du cimetière que la commune réservait aux étrangers décédés dans son sein.

Toute vraie douleur impose : celle d'Isidore fut respectée comme un deuil légitime. Les gens qui eussent peut-être été disposés à lui donner un charivari le jour de son mariage avec la Lizon ne songèrent point à le railler en voyant qu'il avait mis un crêpe à son bras.

Une réaction s'était opérée en faveur de la Lizon, et dans tous les groupes on répétait l'observation de Mélie :

— Puisque leurs bancs étaient publiés, c'est comme si elle avait été sa femme.

Lorsque la cérémonie fut terminée, Isidore alla, selon l'usage, se mettre à la porte du cimetière pour remercier en s'inclinant chacun des assistants au moment de leur sortie. Parmi les femmes et les jeunes filles se rencontraient quelques jeunes gens auxquels Isidore adressa un salut.

Dans le nombre se trouvait Cantain le carrier, qui

passait dans le pays pour être l'auteur de la chanson qui, un jour de mardi-gras, avait été la cause d'une rupture momentanée entre la Lizon et Isidore. Celui-ci, voyant que le carrier s'approchait de lui comme pour lui offrir la main, mit la sienne dans sa poche et détourna la tête.

— Derizelles, lui dit le jeune homme, dans un jour de plaisanterie, je t'ai peut-être offensé toi et ta défunte que nous venons de conduire ici. Je suis venu exprès pour lui en demander pardon et à toi aussi. Veux-tu toper là, ajouta-t-il en étendant de nouveau la main, pour me dire que tu n'y penses plus ?

— J'y penserai toujours, répondit Isidore ; passe ton chemin.

Le carrier s'éloigna sans insister.

— C'était de bon cœur pourtant, se disait-il en lui-même.

Quand tout le monde fut sorti et que le garde-champêtre eut fermé les portes du cimetière, Isidore, qui avait demandé à ce qu'on le laissât seul, fit un grand tour dans les champs avant de revenir à la maison. Comme il y rentrait, il trouva son père qui l'attendait.

— Mon cher garçon, lui dit-il, je regrette d'avoir à t'affliger ; mais il y a les femmes qui ont porté là-bas ma pauvre bru défunte, et qui reclament leur dû.

— Eh bien ! fit Isidore, ne pouviez-vous pas payer sans moi ?

— C'est que tu as la clef, mon cher garçon, fit Derizelles ; depuis l'autre jour tu as la clef.

Isidore fouilla machinalement dans sa poche, trouva la clef et la donna à Derizelles, qui vint la lui rendre un moment après.

— Non ! lui répondit son fils, gardez-là ; je ne veux m'occuper de rien. Faites-moi vivre sans que je le sente.

— Pauvre garçon ! fit Derizelles en voyant son fils se retirer dans sa chambre; et lorsqu'il fut seul, il ajouta :

— C'est égal, maintenant que la Lizon mange les fraises par la racine, nous allons avoir la paix.

X

OÙ DERIZELLES TRIOMPHE

Après la mort de la servante, Louciot put croire un moment que ses espérances allaient enfin se réaliser.

Isidore, en effet, semblait rechercher les occasions de rencontrer sa cousine, à qui il avait gardé un bon souvenir des soins dont la jeune fille avait entouré la Lizon à ses derniers moments.

Le jour même de l'enterrement, avant qu'on eût enseveli la défunte, Mélie lui avait coupé une boucle de cheveux et l'avait remise à Isidore.

— Je sais bien, mon cousin, lui avait-elle dit, que vous n'avez point besoin de cela pour ne pas l'oublier; mais c'est égal, j'ai pensé que cela vous ferait plaisir.

— Et toi, lui avait répondu Isidore, est-ce que cela ne te fait point de peine de me donner ce plaisir-là !

— Ne parlons pas de moi, mon cousin, lui répliqua la jeune fille.

Celle-ci, d'ailleurs, ne partageait point les espérances paternelles et ne s'abusait aucunement sur le motif qui portait Isidore à rechercher sa compagnie, et si douloureux que fût son rôle de confidente, elle l'acceptait et le remplissait avec une évangélique intelligence.

Nature délicate et passionnée, la fidélité que son cousin gardait au passé la touchait et le lui rendait plus cher. Sans doute cette fidélité la blessait dans l'égoïsme de la passion qu'elle éprouvait pour Isidore, mais il lui semblait que celui-ci en était devenu plus digne. Elle eût été heureuse peut-être de constater chez lui quelque défaillance de souvenir ou quelque lassitude de regret ; et cependant elle n'aurait pu s'empêcher de lui en vouloir intérieurement, et elle sentait que la première marque d'oubli l'amoindrirait dans sa pensée.

Un jour Louciot dit à sa fille :

— Ma chère enfant, je connais depuis longtemps tes sentiments pour ton cousin, et comme il n'y a plus aucun obstacle qui s'oppose à votre mariage, personne dans le pays ne s'étonne de vous rencontrer fréquemment ensemble. Mais il faut cependant que cela finisse et que mon neveu s'explique avec moi, parce qu'autrement on jaserait tout haut comme on commence déjà à jaser tout bas.

Louciot demeura fort surpris lorsque Mélie lui apprit qu'Isidore ne lui faisait pas la cour et qu'il était bien loin de songer à l'épouser.

— Mais alors, demanda-t-il avec sévérité, de quoi donc parlez-vous lorsque vous êtes ensemble?

— Nous parlons d'*elle,* mon père, répondit Mélie en expliquant quelle était la véritable nature de ses relations avec Isidore.

Louciot défendit à Mélie de voir son cousin.

— Ce garçon n'agit pas en honnête homme, lui dit-il ; il doit comprendre qu'il te compromet.

— Nous ne faisons pourtant pas de mal, répondit Mélie. Cependant elle promit à son père d'éviter les occasions de rencontrer Isidore, et elle tint fidèlement sa promesse.

Un matin, Isidore, qui n'avait pas rencontré sa cousine depuis huit jours, se rendit chez son oncle. Celui-ci déjeunait avec sa fille dans une salle basse. En voyant entrer le chien Tambeau, qui avait reporté sur elle l'affection qu'il avait eue jadis pour la Lizon Mélie s'écria :

— Ah ! voilà mon cousin !

— Alors, lui dit son père, monte dans ta chambre. Je vais parler à Isidore, et si je suis content de lui, répondit-il, je te ferai descendre.

Isidore entra comme sa cousine venait de disparaître.

— Mélie, n'est pas là? dit-il à Louciot qu'il regardait à peine.

— Non ; qu'est-ce que tu lui veux ?

— Comme je passais par ici, j'étais entré pour lui dire bonjour.

— Eh bien, je le lui dirai pour toi, mon garçon.

Et Isidore, voyant que son chien *mussait* les marches de l'escalier par lequel Mélie venait de disparaître, dit à son oncle :

— Ma cousine n'est pourtant point sortie, puisque voilà Tambeau qui la flaire.

— Sortie ou non, tu n'as point besoin de la voir. Si tu as quelque chose à lui dire, parle, je ferai ta commission.

— Eh bien ! qu'est-ce qui vous prend fit Isidore, en commençant à s'étonner du singulier accueil que lui faisait son oncle.

— Assieds-toi là, lui dit celui-ci en lui montrant une chaise, je vas te causer un moment. Et son neveu s'étant assis, Louciot lui demanda catégoriquement quelles étaient ses intentions relativement à Mélie.

— Là-dessus, mon oncle, répondit Isidore, ma cousine connaît ma pensée; mais comme il n'est pas juste que son amitié pour moi lui soit nuisible, je ne la verrai plus.

— Alors, fit Louciot, tu ne veux pas accomplir le vœu de ta mère ?

— Je ne veux pas rendre ma cousine malheureuse fit Isidore en se levant et en quittant son oncle.

Louciot se consola à demi de ce refus, lorsqu'il apprit, peu de jours après, que la fortune de son neveu était diminuée de moitié par la donation faite à son père. Il s'en consola tout à fait, lorsqu'un jeune homme d'une commune voisine, qui venait de quitter le service militaire et dont les biens étaient encore plus considérables que ceux d'Isidore, s'éprit de Mélie et lui fit demander sa main par son père.

Lorsque Louciot fit part de cette proposition à sa fille, celle-ci refusa nettement d'en entendre parler. Remontrances, prières, ordres, rien ne put vaincre sa résistance.

Louciot n'eut point besoin d'exercer des rigueurs pour l'empêcher de rencontrer son cousin. Mélie s'était d'elle-même condamnée à la réclusion; elle ne sortait que le dimanche, pour aller aux offices, et encore prenait-elle le chemin des champs pour se rendre à l'église, afin de ne point passer devant la maison de son oncle.

Elle était dans le pays la seule fille devant laquelle s'arrêtaient les mauvaises langues. Au lavoir, à la veillée, au puits, qui sont, dans les villages, les points ordinaires des rassemblements familiers, on ne parlait d'elle que pour en dire du bien et pour la plaindre; il est vrai que le bien qu'on disait d'elle devenait un prétexte pour dire du mal d'Isidore. Les enfants du pays surtout l'adoraient. De tout temps elle avait recherché leur compagnie; mais, depuis qu'elle s'était vouée volontairement à la vie sédentaire, elle les attirait encore davantage auprès d'elle : leur présence était une distraction devenue nécessaire à sa solitude; aussi, à peine libérés de l'école, accouraient-ils chez elle en troupe tumultueuse.

Le jour de la fête patronale du village, tous les enfants vinrent lui rappeler qu'elle leur avait promis de les conduire voir les spectacles forains et les boutiques des marchands ambulants. D'abord elle ne voulut point les accompagner et distribua à chacun d'eux quelques sous pour qu'ils pussent acheter des friandises et des jouets ; mais cependant elle fut obligée de céder à leur insistance. Mélie avait choisi pour faire cette promenade l'heure où elle pensait que *la fête* devait être encore peu fréquentée. En y arrivant elle y trouva peu de monde en effet ; les baraques commençaient seulement à s'installer et les petits boutiquiers avaient à peine déballé leurs marchandises. Comme elle s'arrêtait devant l'étalage de l'un d'eux pour diriger la troupe enfantine qui l'accompagnait dans le choix de ses acquisitions, le chien Tambeau vint s'ébattre autour d'elle avec une fureur de cris et de bonds qui attestaient le plaisir qu'il éprouvait à la revoir. Mélie craignit d'abord que la présence de l'animal n'indiquât celle du maître. Mais, ayant regardé autour d'elle sans apercevoir Isidore, elle se mit à flatter Tambeau, qui, tout en la caressant elle-même, flairait avec une visible convoitise l'odorante boutique du boulanger de Pontisy qui était venu cuire des pâtés, des galettes et des gâteaux, et qui, pour empêcher ses pratiques de s'étouffer, avait eu la précaution de s'installer à côté du comptoir de son confrère le marchand de vin.

—Eh ! mon pauvre Tambeau, fit Mélie, tu veux que je te régale pour ta fête, pas vrai ? Donnez-moi une brioche, dit-elle au boulanger. Et, pour amuser les enfants autant que pour faire plaisir à l'animal, la jeune fille le fit sauter deux ou trois fois avant de lui laisser atteindre le gâteau qui devait être le prix de ses efforts.

Il était d'usage à Saint-Clair que le jour de la fête les garçons fissent aux jeunes filles qu'ils rencontraient le cadeau de quelque babiole foraine dont ils leur abandonnaient le choix. En échange, ils avaient le droit d'exiger une danse pour le soir. Une jeune fille qui refusait à un jeune homme d'accepter le cadeau de fête, s'engageait par ce refus même à ne point accepter d'autres personnes.

Comme Mélie allait se retirer, deux ou trois garçons de Saint-Clair qui venaient d'arriver l'aperçurent et s'approchèrent d'elle.

— Eh ! Mélie, lui dit l'un d'eux selon l'expression du pays, veux-tu que je te paye ta fête ?

— Merci, fit-elle.

— Nous savons bien que tu ne viens pas au bal, ce n'est pas pour avoir une danse avec toi, c'est pour nous faire plaisir.

— Non, merci, dit Mélie. Et, montrant les bambins qui l'accompagnaient, elle ajouta en riant : Payez-la aux enfants, ça me sera aussi agréable.

Les jeunes gens achetèrent des mirlitons à la bande enfantine, et allèrent ensuite s'attabler au cabaret.

Comme Mélie allait se retirer, elle vit reparaître Cambeau qui accourait auprès d'elle.

Cette fois le chien n'était pas seul, son maître marchait à dix pas derrière lui.

Isidore semblait se diriger vers le centre de la fête, où le monde commençait à venir.

En apercevant Mélie, qu'il n'avait point vue depuis deux mois, Isidore pressa le pas pour la rejoindre. Mais en approchant, il demeura frappé du changement qu'il remarquait en elle.

Mélie, de son côté, ne put dissimuler la surprise que lui faisait éprouver la présence de son cousin au milieu de la fête, et dans la manière dont elle lui dit : « Je ne croyais pas vous trouver ici, » il devina quelle était la nature de la pensée qui causait son étonnement.

— Je ne suis venu, dit-il, que pour acheter des appaux à allouettes.

— Le marchand est là, répondit Mélie en lui désignant une boutique voisine. Adieu, mon cousin, ajouta-t-elle.

— Puisque je vous rencontre, continua Isidore employant la locution familière, vous ne voulez pas que je vous paye votre fête ?

— Merci, mon cousin, dit Mélie, étonnée de ne pas être tutoyée : j'ai déjà refusé à des garçons d'ici, et vous savez que quand on a refusé, on ne peut plus accepter.

— Paye-la à moi, dit à Isidore un des petits garçons qui accompagnaient Mélie.

— Non, pas à toi, répondit celui-ci ; tu détruis les nids ; à ta sœur, si ça fait plaisir à Mélie, ajouta-t-il en prenant une petite fille d'une dizaine d'années par la main.

— Est-ce que tu me laisseras choisir ce que je voudrai? demanda l'enfant.

— Non, je te donnerai ce que je voulais donner à ma cousine, répondit Isidore en emmenant la petite fille vers une boutique de bijouterie foraine.

La petite fille revint peu d'instants après sans être accompagnée du jeune homme, qui l'avait quittée au milieu de la fête.

Mélie n'avait pas oublié les paroles d'Isidore : « Je te donnerai ce que j'aurais donné à ma cousine. » Aussi était-elle bien un peu curieuse de savoir quel genre de cadeau il avait eu l'intention de lui faire.

— Qu'est-ce qu'il t'a donnée, mon cousin Isidore? demanda-t-elle.

— C'est bien joli, mais ce n'est pas amusant, répondit la petite fille. Et, ouvrant sa main qu'elle tenait fermée, elle montra à l'un de ses doigts, trop petit pour le retenir, un petit anneau en acier et taillé à facettes que l'on vendait dans les foires comme un préservatif de certaines affections.

— Une bague, fit Mélie qui devint toute rouge; mais tu vas la perdre; elle ne te tient pas au doigt.

— Je sais bien; mais il n'y en avait pas de plus petites, et Isidore n'a pas voulu me donner autre chose. Et comme en parlant elle s'aperçut que Mélie avait le visage empourpré :

— Qu'as-tu donc? lui demanda-t-elle.

— Rien, dit la jeune fille, j'ai la migraine; allons-nous-en.

— Ah! dit l'enfant comme frappée d'une idée, la marchande a dit que ces bagues guérissaient du mal de tête et puis encore d'autres maladies que je ne me rappelle pas. Mets donc ma bague un peu, pour voir si c'est vrai. Et, ayant pris la main de Mélie, elle lui glissa l'anneau dans un doigt.

— Une singulière espérance avait alors passé dans l'esprit de la jeune fille, et le plaisir qu'elle éprouvait se réflétait si visiblement sur son visage, que l'enfant, qui était habituée à la voir triste, attribua ce changement à la vertu de sa bague.

— Ah! tu vois, dit-elle joyeusement, ma bague te fais du bien ; eh bien, garde-la, je te la donne.

— Non, répondit Mélie, je ne veux pas t'en priver; mais tu me la prêteras quand j'aurai la migraine. Et ayant jeté les yeux sur l'anneau avant de le rendre à l'enfant, elle s'aperçut que le mot *souvenir* y était finement gravé.

— Souvenir de quoi? se demanda-t-elle intérieurement.

Parmi tous les enfants dont Mélie s'entourait familièrement, la petite fille à laquelle Isidore avait donné la bague préservatrice était devenue sa favorite.

Presque tous les jours, pour la retenir plus longtemps auprès d'elle, elle imaginait quelqu'une de ces longues histoires qui sont à la fois le charme et l'effroi de l'enfance crédule, et s'interrompant tout à coup au milieu de ce récit improvisé avec le souvenir de ses lectures d'almanachs et de fabliaux villageois, elle feignait d'être prise par une migraine subite. En la voyant se frapper le front à petits coups avec son dé, l'enfant retirait la bague qu'elle portait à son pouce pour ne pas la perdre, et la mettait au doigt de Mélie. Mais il arrivait alors qu'au lieu de continuer l'histoire interrompue, la jeune fille demeurait silencieuse et se racontait à elle-même sa propre histoire.

L'enfant, que ces interruptions impatientaient, ayant remarqué que Mélie s'arrêtait presque toujours au moment où elle lui prêtait sa bague, la lui refusa un jour.

— Non, lui dit-elle ingénûment, je ne veux plus te la donner. Au lieu de te guérir, elle te fait du mal. Tu n'avais pas la migraine aussi souvent que cela autrefois.

Cette remarque ingénue fit rougir Mélie, qui peu de temps après imagina mille ruses pour exciter la petite fille à désirer un objet qu'elle lui refusa jusqu'à ce que celle-ci lui proposât d'elle-même de lui donner sa bague en échange. Si Mélie souhaitait aussi ardemment la possession entière de cet anneau, c'est qu'une vague espérance lui faisait attribuer à son cousin une pensée que celui-ci n'avait pas eue le jour où il l'avait et véritablement par hasard rencontrée sur le terrain de la fête.

Lorsqu'Isidore avait cessé de voir sa cousine, il avait d'abord souffert, parce que celle-ci lui manquait pour donner la réplique à la douleur que lui avait causée la mort de la Lizon; mais peu à peu, n'ayant plus personne à qui parler de ses regrets, l'image de celle qui en était l'objet s'était non pas effacée complétement dans sa pensée, mais diminuée dans le lointain amoindrissant du souvenir.

Aidé par le temps qui faisait son œuvre d'oubli, peu à peu il avait repris son existence de plante grasse, et reconquis cette béate sérénité que donne l'indifférence. S'il avait été frappé de l'aspect maladif de Mélie, après une longue absence, le sentiment qu'il avait éprouvé n'allait pas au delà d'un banal intérêt. Il ne s'était point préoccupé de rechercher la cause du mal qui l'avait si rapidement métamorphosée. L'eût-il cherchée, qu'il ne l'aurait peut-être pas voulu trouver, dans la crainte de voir sa tranquillité d'esprit troublée par l'instinctive pensée qui nous force à plaindre tout être auquel on cause une souffrance, volontairement ou non.

En lui proposant le cadeau de fête, il avait simplement obéi à un usage; et lorsqu'à son refus de l'accepter il avait voulu donner à sa petite compagne l'objet qu'il lui destinait à elle-même, c'était seulement parce que la boutique où il avait acheté la bague était celle où l'on vendait les objets les plus coûteux et les moins vulgaires; il n'avait point même lu sur l'anneau le mot *souvenir*, que Mélie se plaisait pourtant à confondre avec *espérance*.

Elle ne tarda point cependant à comprendre qu'elle était victime d'un malentendu. Son père, qui ne s'aperçut de l'altération de sa santé que lorsque les forces commencèrent à lui manquer pour s'occuper des soins du ménage, se montra moins rigoureux avec elle. Il fit même appeler un médecin, qui, n'allant pas au delà des apparences, ne reconnut dans la jeune fille aucun symptôme alarmant, et se borna à lui ordonner des distractions. Chez les paysans, il n'y a de mal reconnu sérieux que celui qui vous couche au lit, vous met à la diète et exige l'usage immédiat de médicaments. La banale ordonnance du médecin calma les inquiétudes de Louciot.

— Du moment où tu n'es pas malade de cœur, dit-il à Mélie, il n'y a pas de danger.

La première fois que Mélie fit usage de la liberté qui lui était rendue, elle alla, en compagnie de tout son entourage enfantin, se promener dans un petit bois appartenant à son père et qui était situé à cinq minutes de Saint-Clair. C'était le soir d'un dimanche d'août; la moisson, qui avait été tardive, n'était pas encore terminée, et, peu soucieux d'observer le chômage dominical, un grand nombre de paysans s'occupaient de rentrer leurs gerbes.

Pendant que les enfants couraient dans le bois à la cueillette des premières noisettes, Mélie s'était assise sur un tronc de peuplier récemment abattu, et tressait machinalement une couronne de fleurs sauvages destinée à une des petites filles qui l'accompagnaient. Comme elle plongeait la main dans l'herbe haute et drue qu'elle employait à faire des liens pour sa guirlande, elle sentit sa bague glisser au long de son doigt et le quitter tout à coup ; elle se baissa précipitamment pour la chercher, et voyant qu'elle ne la retrouvait pas, elle appela les enfants pour qu'ils vinssent l'aider dans ses recherches, promettant pour récompense à celui qui rencontrerait l'objet égaré de lui donner la couronne qui avait été la cause de sa perte.

Comme tous les enfants fouillaient vainement l'herbe épaisse, Isidore se montra au bout du sentier qui traversait le bois.

En voyant paraître son cousin, Mélie avait ordonné aux enfants de cesser leurs recherches, tant elle craignait, si l'un d'eux trouvait l'anneau devant Isidore, d'avoir à expliquer à celui-ci comment il était en sa possession.

Isidore, qui semblait préoccupé, ne reconnut sa cousine que lorsqu'il fut auprès d'elle. Il menait en laisse un chien d'arrêt que Mélie ne lui avait pas encore vu.

— Est-ce que vous n'avez plus Tambeau, mon cousin ? lui demanda-t-elle machinalement.

— Non, répondit-il. Il avait pris la mauvaise habitude de se laisser entraîner au bois avec les braconniers, et comme je ne veux pas que mes chiens servent à faire tuer du gibier aux autres, je l'ai changé.

— Comment ! fit Mélie ; un pauvre animal qui était si fidèle, et qui aimait tant ceux qui l'aimaient ! ajouta-t-elle en baissant la voix.

— Ah bien ! oui, je ne dis pas... mais l'utilité avant tout ; et puis un chien ne doit connaître que son maître.

— Ah! c'est que, fit Mélie avec un accent de reproche, quand même vous auriez été forcé de l'attacher pour qu'il n'aille pas courir, vous auriez dû le garder... Ah! oui, vous auriez dû...

L'abandon d'un animal élevé par la Lizon devait indiquer qu'Isidore était bien près de se détacher du souvenir de la défunte. Ce fut la première pensée qui vint à l'esprit de Mélie. Elle lui fut à la fois pénible et douce, comme peut l'être tout fait ou toute parole qui blesse le sentiment humain en flattant la passion de l'individu. Ce symptôme d'oubli était d'ailleurs d'accord avec cette vague espérance dont se berçait la jeune fille depuis le jour de la fête de Saint-Clair. Pour peu que son cousin pût songer à elle, ne devait-il pas commencer d'abord par ne plus songer à l'autre?

« Qui sait, pensait intérieurement Mélie, si ce n'est pas exprès pour me faire comprendre qu'il ne pense plus à elle, qu'Isidore a renvoyé Tambeau, qui devait la lui rappeler tous les jours? » Elle achevait à peine cette réflexion, que son cousin vint donner un brutal démenti au nouvel espoir qu'elle lui faisait concevoir.

Un des enfants, qui s'était obstiné à chercher l'anneau perdu sans que Mélie, préoccupée par la présence d'Isidore, se fût aperçue de sa persistance, le trouva tout à coup dans l'herbe et le rapporta triomphalement en réclamant la récompense promise. C'était justement la petite fille à qui le cousin de Mélie avait donné la bague. Celle-ci tendait déjà la main pour reprendre l'objet retrouvé, qu'elle ne voulait pas laisser voir à Isidore; mais avant de le lui rendre, l'enfant voulut le montrer à celui-ci, et, à la grande confusion de Mélie, elle raconta l'échange qui avait eu lieu et le chagrin que la jeune fille avait éprouvé quelques instants auparavant en croyant sa bague perdue.

Pendant que l'enfant parlait, Mélie, résignée à la laisser dire, étudiait sur le visage de son cousin l'impression que lui causait ce récit, qui était tout une révélation des sentiments qu'elle éprouvait pour lui.

Mais Isidore écoutait avec impatience et ne semblait pas comprendre ce qu'on lui disait :

— Comment! insistait la petite avec cette ténacité particulière aux enfants, tu ne reconnais pas le cadeau que tu m'as payé à la fête, même que tu as donné une grande pièce blanche, et qu'on t'en a rendu deux petites?

— Ah! oui, fit Isidore avec indifférence en regardant machinalement l'anneau qu'il faisait tourner entre ses doigts. C'est bien possible. Et, se retournant vers Mélie, il ajouta : — Il y en a une ce soir à Moncourt, une fête! Vous n'y allez pas, ma cousine?

— Non, répondit Mélie en balbutiant. C'est par hasard que j'avais été l'autre jour à celle où je vous ai rencontré.

— Ah! oui, je me rappelle maintenant, fit Isidore;

oui, au fait, vous avez même donné une brioche à Tambeau.

— C'est ça, mon cousin, dit Mélie en balbutiant.

— Ah bien ! reprit Isidore en riant, je crois bien que c'est la dernière qu'il a mangée.

En ce moment-là, Mélie serrait ses dents les unes contre les autres pour ne point éclater en sanglots, et la contraction nerveuse qu'elle s'imposait était si violente, qu'elle fit crier en lui serrant les doigts la petite fille qu'elle tenait alors par la main.

— Alors, comme ça, reprit Isidore, vous ne venez pas faire un tour à la fête de Moncourt?

— Non, mon cousin.

— Ah bien ! moi, j'ai comme une idée d'y aller flâner après mon souper. On dit qu'il y a spectacle de chiens savants, ça m'amusera.

— C'est ça, mon cousin, amusez-vous bien, murmura Mélie; et elle ajouta avec un accent d'amertume : Mais quoique ce soit le plus court de passer au long du cimetière, ça vous empêcherait peut-être de vous amuser; faut prendre un autre chemin.

— Ah bien ! dame ! ma cousine, répondit Isidore qui avait compris l'allusion et le reproche contenus dans ce conseil, écoutez donc, on ne peut pas toujours se désoler, aussi : il y a un temps pour tout dans ce monde. Bonsoir à mon oncle ajouta-t-il en la quittant.

A compter de ce jour, l'état de Mélie empira visiblement, sans que le médecin pût donner un nom à sa maladie. Louciot, qui commençait à s'inquiéter sincèrement, voulait aller chercher un docteur à Fontainebleau. Mélie s'y opposa et trouva d'ingénieux mensonges pour lui prouver qu'elle n'était pas en danger.

— On n'est pas malade quand on dort, quand on mange et quand on travaille, lui disait-elle.

Cependant, un mois après sa dernière rencontre avec Isidore, Mélie, arrivée au dernier degré de la consomption, avait été forcée de prendre le lit, qu'elle ne quitta plus. Une seule fois elle entendit de sa chambre, qui donnait sur les champs, la voix d'Isidore, qui appelait ses chiens, car la chasse venait d'ouvrir. Elle se leva et se traîna péniblement à la fenêtre, où elle aperçut le jeune homme, qui, tout à l'animation que lui causait ce plaisir, lui fit de la main un geste rapide et s'éloigna sans lui parler.

Ce soir-là, son père étant absent, elle fit appeler le curé. Mais Louciot rentra comme on achevait d'administrer Mélie, qui était alors entourée de cinq ou six jeunes filles et de tous les enfants.

— Tu vas donc mourir, que tu as fait venir le bon Dieu à la maison? Mais de quoi meurs-tu? demanda-t-il.

Le prêtre, qui avait le secret de Mélie, fit signe à Louciot de s'agenouiller. La cousine d'Isidore s'éteignit six jours après. Elle était devenue si maigre, que ses doigts transparents ne pouvaient plus retenir la bague d'Isidore, et pour ne point s'en séparer, elle l'avait fait suspendre à un fil qui tombait à la hauteur de son bras. De temps en temps, elle étendait sa main pour passer un doigt dans l'anneau, et tant qu'elle pouvait se maintenir dans cette position, elle semblait heureuse. Ce fut ainsi qu'elle mourut un soir du mois d'octobre. Le jour de l'arrivée des grives, comme Isidore le fit observer à son père.

XI

LE GARDE CHASSE

Peu de temps après la double mort de la Lizon et de sa cousine Mélie, Isidore était revenu à ses anciennes habitudes.

Abandonnant à son père, comme par le passé, le soin d'administrer la portion de biens qui lui était restée après le partage, il vivait uniquement absorbé dans sa passion pour la chasse.

Nous avons dit que de tout temps une certaine hostilité avait existé entre Isidore et les autres chasseurs du pays.

Cette hostilité avait plusieurs causes :

C'était d'abord l'antipathie qu'il avait provoquée en se tenant volontairement, et contre tous les usages, à l'écart de toute camaraderie. Mais le motif le plus sérieux consistait dans la rude concurrence qu'il faisait aux gens de Saint-Clair et de Pontisy, qui prenaient des ports d'armes, en détruisant presque à lui seul tout le gibier qui se trouvait sur le territoire de ces deux communes.

Ceux qui ne pouvaient, comme lui, déserter leur travail pour leur plaisir et qui ne chassaient qu'une fois par semaine, le dimanche ordinairement, commencèrent à murmurer lorsqu'ils s'aperçurent qu'au bout de la saison de la chasse ils avaient à peine tué assez de pièces pour que la vente ou l'usage intime qu'ils en faisaient pût payer leur poudre et leur permis.

En effet, Isidore, en chassant tous les jours, et par quelque temps qu'il fît, depuis le lever jusqu'au coucher du soleil, laissait peu de chose à faire aux autres. La liberté dont il pouvait disposer n'était pas le seul avantage qu'il eût sur ses confrères, car son adresse exceptionnelle était encore aidée par la possession de chiens excellents et d'armes supérieures. On lui fit remarquer que, dans l'intérêt même de son plaisir, il devrait en modérer l'exercice pour en assurer la durée.

— Si tu continues ainsi, lui disait un de ses voisins qui avant lui passait pour être un des meilleurs *fusils* de l'endroit et dont la vanité souffrait un peu depuis qu'Isidore lui avait enlevé sa réputation, si tu continues ainsi, mon garçon, *d'ici t'à peu* il ne restera plus dans le pays assez de gibier pour reproduire l'espèce, et la rencontre d'un lièvre sera devenue un événement curieux. Puisque tu as la chance d'avoir des réserves, va t'y amuser tout seul comme c'est ton droit, mais laisse-nous au moins le peu de *plume* et de *poil* que tu as épargnés. Il faut pourtant que tout le monde s'amuse.

Comme Isidore aurait voulu être dans le pays le seul qui eût le droit de porter un fusil, il ne prenait aucun souci des récriminations dont il était l'objet et n'en abrégeait pas d'une heure ses courses quotidiennes. Le plaisir que lui procurait l'exercice de la chasse était d'ailleurs doublé par la satisfaction de vanité qu'il éprouvait à rentrer chaque soir au logis le dos ployé sous le poids de son carnier rebondi, tandis que les autres chasseurs rentraient à vide. Lorsque le territoire communal commençait à se dépeupler, Isidore chassait alors dans les réserves qu'il s'était créées en entourant de palissades deux ou trois boqueteaux qu'il possédait sur les points opposés de la plaine, et dans lesquels le gibier poursuivi venait chercher un refuge.

Les rivalités de chasse sont très-fréquentes dans les campagnes, et surtout dans celles où la propriété est morcelée en petites fractions. Elles deviennent entre les habitants, lorsqu'ils se trouvent atteints dans leur égoïsme ou froissés dans leur vanité, l'origine de taquineries incessantes qui dégénèrent en procès. Quelquefois même ces querelles, en s'envenimant chaque jour davantage, font naître des haines vivaces et dangereuses, comme peuvent l'être toutes rancunes causées par la jouissance disputée d'un plaisir que l'on prend à main armée.

Une lutte sourde s'engagea pendant deux années entre Isidore Derizelles et les autres chasseurs du pays. Ceux-ci, n'ayant pu obtenir de lui qu'il ménageât un peu plus le gibier, menacé de destruction complète, s'entendirent entre eux pour le gêner dans ses chasses.

Des gens dont la propriété territoriale ne dépassait quelquefois pas un arpent, lequel était divisé en pièces de quelques perches, lui faisaient interdire le passage sur ce qu'ils appelaient pompeusement leurs terres. Cette taquinerie obligeait Isidore à faire de longs détours qui ralentissaient sa marche, et, malgré les précautions qu'il prenait, il lui arriva un jour d'être surpris comme il passait, ayant son fusil armé, sur le terrain d'autrui. Il usa envers ses voisins des mêmes mesures, et de son côté il leur fit interdire le passage sur son bien. Mais lorsqu'il rencontrait quelque délinquant, les gens dont il réclamait le témoignage pour constater le délit s'abstenaient, et le garde-champêtre lui-même semblait se ménager des absences volontaires toutes les fois qu'Isidore avait des occasions de requérir le concours de son autorité.

Il prit le parti de ne plus chasser que sur son bien, mais ses réserves furent d'autant plus vite épuisées que les autres chasseurs, jaloux de lui et abusant de l'impunité qui leur était presque tacitement promise par l'autorité rurale, venaient lui braconner le gibier que renfermaient ses réserves. Il voulut alors prendre en location une chasse du voisinage ; malgré le prix élevé qu'il en offrait, on refusa de la lui louer, à cause de la réputation de grand destructeur qu'il s'était faite dans le pays.

Isidore, qui était au reste loyal chasseur, avait toujours ouvertement méprisé les braconniers. Lorsque la rupture des palissades qui entouraient ses remises, et la présence de collets où ses chiens se prenaient, lui eurent démontré qu'ils l'avaient choisi pour être leur victime, son mépris pour eux se doubla de haine. Cette haine s'augmenta de son impuissance pour réprimer les délits dont il avait à souffrir quotidiennement, et lui fit concevoir un projet qui, s'il réussissait, lui permettrait de pouvoir satisfaire en même temps et sa passion pour la chasse et ses rancunes contre les gens qui faisaient tous leurs efforts pour l'empêcher de s'y livrer librement.

Isidore songea à se faire nommer garde particulier du prince de*** propriétaire du château de Pontisy, dont les vastes attenances s'étendaient sur la plus grande partie du territoire de la commune dont le village de Saint-Clair dépendait lui-même.

Ce beau domaine déjà trois fois séculaire, comme les bois qui l'entourent, et qui tient sa place parmi les monuments historiques du département, était presque toujours inhabité. Le prince de***, grand voyageur, n'y faisait que de rares et courtes observations. Il avait confié l'administration de ses biens territoriaux à un vieil intendant, et la surveillance de ses bois à un vieux garde qui avait reçu de lui l'ordre d'être indulgent, et qui poussait cette indulgence jusqu'à l'aveuglement. Aussi les vieilles futaies de Pontisy, sous les voûtes desquelles avaient jadis retenti les trompes qui sonnaient le hallali du cerf devant *la belle Gabrielle*, étaient devenues le paradis du maraudage et du braconnage.

Depuis qu'il exerçait cette sinécure, le garde de Pontisy n'avait verbalisé que deux fois : la première fois contre un chasseur étranger au pays, la seconde contre Isidore lui-même, qui un jour, honteux de rentrer à Saint-Clair le carnier flottant, avait été rôder sur les bordures du bois du prince de***.

Ce fut dans cette circonstance même qu'Isidore avait pour la première fois conçu le projet d'être un jour revêtu d'un insigne pareil à celui que le garde lui avait montré en lui déclarant procès-verbal.

Les circonstances parurent, peu de temps après, vouloir favoriser ses projets.

On apprit que le châtelain de Pontisy était mort pendant une traversée lointaine. L'héritier du prince d*** était son gendre, le marquis de Cyran. En apprenant le nom du nouveau propriétaire de Pontisy, Isidore se souvint que le comte se trouvait au nombre des invités du roi Charles X, le jour où Sa Majesté avait témoigné le désir d'être témoin de son adresse. Isidore se rappela, en outre, que le comte de Cyran avait joint ses félicitations à celles du monarque.

Isidore n'attendit point que le nouveau châtelain vînt à Pontisy; il fit le voyage de Paris, et ayant été admis par le comte, il invoqua ses souvenirs et lui demanda la place de garde particulier de son domaine. Avant de faire cette demande, Isidore avait franchement exposé les motifs qui le portaient à solliciter un tel emploi. Il avait su habilement éveiller la curiosité de l'héritier du prince de***, en lui faisant la peinture des déprédations de toute nature qui se commettaient ouvertement sur son domaine et particulièrement dans ses bois, à cause de l'incurie de son garde.

— Monsieur le comte, termina Isidore, tout ce que je vous ai dit est la vérité pure. Il y a, tant à Saint-Clair qu'à Pontisy, dix ménages qui, depuis dix ans, se chauffent avec votre bois et se nourrisent avec votre gibier.

Le comte de Cyran, qui était grand chasseur et qui se proposait d'habiter Pontisy pendant la plus grande partie de l'année, se laissa émouvoir par les récits d'Isidore.

Il trouva d'ailleurs original et utile tout à la fois pour ses intérêts d'avoir un garde qui, étant lui-même propriétaire, apporterait dans son service toute la passion conservatrice que donne le sentiment de la propriété.

Comme le comte lui promettait de le prendre pour garde aussitôt qu'il aurait atteint l'âge que la loi exige chez les individus qu'elle investit de cette magistrature rurale, Isidore fit ses conditions, qui furent acceptées par le nouveau châtelain de Pontisy.

Il aurait personnellement le droit de chasser sur toutes les propriétés confiées à sa garde.

Le jour même où il revenait de Paris, son père était victime d'un sinistre. Une pièce de blé de dix arpents lui appartenant, et dont la moisson en gerbes n'était pas encore rentrée, avait été incendiée pendant que Derizelles allait renouveler la police de son assurance, expirée depuis deux jours, chez l'agent de la Compagnie.

Isidore se montrait beaucoup moins sensible au dommage éprouvé par son père qu'à la rencontre qu'il fit le lendemain, en allant faire un tour dans un des bois de Pontisy qui devaient être prochainement confiés à sa vigilance.

Comme il venait à peine d'y entrer, il surprit le carrier Cantain accompagné d'un de ses camaaades, portant un sac sur les épaules, occupé à lever un collet dans lequel un lièvre achevait de s'étrangler.

— Tiens, disait Cantain à son camarade, en lui donnant le gibier qu'il avait débarrassé de son engin, mets-le avec les autres.

Comme il achevait de parler, il aperçut le fils Derizelles.

— Ah! toi aussi, tu t'en mêles, lui dit Isidore.

— Dame! que veux-tu, répondit Cantain, je me marie demain; faut bien faire un peu la noce.

— Eh bien! reviens-y donc pour le baptême, fit Isidore.

— Ce n'est toujours pas toi qui m'en empêcheras, répondit ironiquement Cantain, qui s'éloigna avec son camarade.

A l'époque où sévissait le rigoureux hiver que nous avons essayé de décrire au commencement de ce récit, Isidore était déjà depuis près d'une année garde particulier du domaine de Pontisy. A l'exception de deux ou trois fermiers, au nombre desquels se trouvait Derizelles, la commune comptait peu de propriétaires. Presque tout le territoire de Pontisy et de Saint-Clair étant encore une dépendance domaniale du château, les paysans qui ne possédaient point de bien, et qui voulaient faire de l'agriculture étaient obligés de louer, et c'étaient ces locations divisées à l'infini qui donnaient à la campagne l'aspect particulier qu'on remarque dans les pays de petite culture.

Sur les conseils que lui donna Isidore, le nouveau propriétaire de Pontisy, lorsque les baux passés avec les paysans furent arrivés à expiration, ne consentit à les renouveler qu'en supprimant à ses locataires le droit de chasse sur les terres que le bail livrerait à leur exploitation.

Cette restriction souleva bien dans le pays quelques résistances et quelques protestations; mais les gens qui n'avaient pas le moyen d'acquérir des terres furent obligés de se soumettre aux conditions imposées par le nouveau contrat de louage.

Comme nous l'avons dit en commençant, il existe certains délits, et le braconnage est du nombre, contre lesquels la loi peut protester par des poursuites et par des rigueurs, mais qu'elle demeure toujours impuissante à réprimer. Ainsi le paysan le plus honnête qui se ferait un scrupule de dérober une grappe dans la vigne du voisin, ne se laissera jamais persuader par aucun raisonnement ni par aucun code qu'il n'a pas le droit de tuer le gibier qui se nourrit dans sa culture.

La première conséquence des mesures restrictives prises par le nouveau châtelain de Pontisy fut d'augmenter le nombre des braconniers.

Tous les gens qui, auparavant, se livraient légalement au plaisir de la chasse, cessèrent de prendre un port d'armes et employèrent l'argent qu'ils versaient entre les mains de l'État pour satisfaire librement leur passion en acquisitions d'engins prohibés.

La surveillance agressive d'Isidore était, d'ailleurs, de nature à provoquer les délits. Si vigilant qu'il pût être, et par cela même que sa garderie était très-étendue, il ne pouvait pas se montrer partout; et bien qu'il eût étudié toutes les ruses du braconnage, on en inventait chaque jour de nouvelles pour le mettre en défaut. Le fait même de sa nomination avait un caractère particulièrement offensif. Envers un garde étranger qui eût fait son devoir avec zèle, on n'eût employé que la ruse ; mais avec Isidore, qui était un enfant du pays, on avait déclaré tacitement que tout moyen mis en œuvre était de bonne guerre, et une conspiration avait été ourdie pour le provoquer à toute mesure, exagérant l'autorité que lui donnait son mandat, qui serait de nature à provoquer elle - même l'emploi de la force contre lui. Ses premiers débuts n'avaient pas été très-heureux. Les deux premières personnes contre lesquelles il avait verbalisé avaient été renvoyées sans condamnation, l'une parce qu'il y avait un vice dans la rédaction du procès-verbal, l'autre parce que le délit n'avait point paru suffisant pour motiver une peine.

Ces deux acquittements furent l'occasion d'un festin donné à l'auberge du *Sabot rouge*. On y servit un chevreuil tué dans les bois de Pontisy par les amis des accusés pendant l'absence d'Isidore, obligé de comparaître au tribunal pour soutenir sa plainte.

A la fin du banquet, où se trouvaient réunis tous les braconniers de Saint-Clair, c'est-à-dire le village à peu près tout entier, ils se rendirent armés de leurs fusils devant la maison d'Isidore, et, après avoir fait une décharge à poudre, ils lancèrent par-dessus le mur le pied droit de l'animal qui avait été le plat d'honneur du festin.

Isidore devait prochainement rencontrer l'occasion de prendre une revanche de cet injurieux hommage, qui était un audacieux défi porté à son autorité.

L'horrible misère contre laquelle luttait alors le pauvre ménage de la Maison de paille était arrivée à son comble. Pendant que Cantain et sa femme avaient épuisé pour vivre des ressources qu'eussent refusées des mendiants, leur enfant se mourait auprès d'eux, tué autant par le froid que par la faim, car la chèvre nourricière, n'ayant plus elle-même de nourriture, l'avait sevré, et lorsqu'il se penchait en criant hors de son berceau pour lui demander son lait, l'animal inquiet allait fourrer son museau entre les genoux de la Roussotte et bêlait plaintivement comme pour lui demander du fourrage.

Un matin, Cantain traversait les bois de Pontisy, où il était allé chercher le médecin pour son enfant, qui venait d'être pris de convulsions. Comme il suivait tristement le sentier que bordait d'un côté le mur de clôture des taillis, il entendit à quelques pas de lui le cri particulier que pousse le lièvre quand il est pris dans un collet, et que les chasseurs appellent *couinement*.

Cantain n'était pas braconnier. Quand il était garçon, comme tous les jeunes gens du pays, la veille d'une fête, ou à l'occasion de quelque solennité, il avait bien été pendant une nuit de clair de lune se mettre à l'affût pour tuer un lapin dans une garenne, mais comme il n'était pas connu pour vendre son gibier, il n'excitait point la défiance des gardes, qui ne l'avaient jamais pris ni essayé de le prendre. Depuis son mariage avec la Roussotte, il avait voulu deux ou trois fois aller au bois ; mais celle-ci, au lieu de l'exciter comme les autres femmes du pays faisaient avec leurs maris, l'en avait empêché.

Le premier mouvement du carrier en entendant le cri du lièvre, avait été de continuer son chemin en doublant le pas. Il n'ignorait pas que le collet où se trouve pris un gibier est quelquefois un piége tendu par le garde pour prendre le braconnier. Cependant, tout en marchant, il jeta un regard autour de lui. La tombée des feuilles lui permettant de plonger son regard jusque dans les plus lointaines profondeurs du bois dépouillé il se convainquit qu'il était bien seul, et qu'il avait bien le temps d'aller, sans courir de risques, détacher l'animal qu'il apercevait, à trente pas devant lui, immobile dans la coulée tracée entre deux cépées.

Porté au marché de Fontainebleau, ce lièvre valait six francs, et si modique que fût cette somme, elle représenta deux jours de pain pour le carrier et sa femme, deux jours de feu pour son âtre éteint; c'était peut-être encore une botte de fourrage pour la chèvre affamée, c'était peut-être aussi des médicaments pour son enfant.

Cantain revint sur ses pas dans la direction du taillis où se trouvait le lièvre, puis il s'arrêta en hésitant, et regarda de nouveau autour de lui.

S'il n'apercevait personne, il était vu cependant. Au-dessus de lui, sur le sommet de la croupe que le bois formait en cet endroit en montant vers la lisière de la forêt, un homme le guettait, caché derrière un tas de bourrées. C'était le braconnier qui avait tendu le collet la veille, et qui, en venant pour le relever, s'était caché lorsqu'il avait entendu les pas de Cantain, qui faisait crier la neige en marchant. En voyant le carrier continuer son chemin, bien que les plaintes de l'animal eussent dû lui signaler sa présence, le braconnier supposa que le mari de la Roussotte n'allait pas relever le collet, parce qu'il avait remarqué quelque indice révélant peut-être la présence prochaine du garde. Comme il faisait cette réflexion, il aperçut, en effet, Isidore Derizelles, qui faisait sa ronde matinale, en suivant, du côté de la plaine, le mur qui la séparait du bois. Ce fut alors qu'il s'effaça derrière les bourrées, où il se tint immobile.

Au cri poussé par le lièvre, Isidore, qui ne pouvait être aperçu de Cantain, de même qu'il ne pouvait l'apercevoir, s'était rasé au long du mur, et l'avait suivi jusqu'à un endroit où se trouvait une brèche, à l'angle de laquelle il s'arrêta. Quelques précautions qu'il eût prises pour se dissimuler, le braconnier avait cependant, sans le savoir, trahi sa présence. En se rasant derrière les bourrées mal échafaudées, il leur avait imprimé un mouvement qui n'avait pas échappé à Isidore, dont le premier regard avait sondé toute la pente boisée au bas de laquelle il se trouvait. Habitué à tirer une conséquence des moindres indices, il s'était déjà assuré d'une capture, et il attendait dans le plus profond silence que le braconnier vint relever le collet pour franchir la brèche et le surprendre en flagrant délit.

Tout ceci se passait pendant que Cantain, arrêté dans le chemin, hésitait à prendre un parti.

Isidore attendait ainsi depuis quelques minutes, lorsque son attention fut attirée dans une direction opposée à celle où il supposait la présence du braconnier. C'était comme un bruit de pas qui s'approchaient avec lenteur et précaution.

« Est-ce qu'ils seraient deux ? » se demanda intérieurement le garde; et, comme il appliquait son œil à une sorte de petite lucarne naturelle que la chute d'une pierre descellée formait dans la muraille, il aperçut Cantain.

— Le carrier, bon ! pensa Isidore ; sans savoir qui est l'autre, j'aime mieux que ce soit celui-ci.

Et, s'apercevant qu'il avait oublié d'éteindre sa pipe dont la fumée, en s'élevant au-dessus du mur, pouvait indiquer qu'il était à l'affût, pour éviter le bruit qu'il aurait pu faire en la secouant, il en étouffa le foyer en appuyant fortement son pouce sur la cheminée.

Cantain se rapprochait de plus en plus. Quand il fut à deux pas du lièvre une crainte instinctive renouvela son hésitation. Puis, cédant comme malgré lui à l'impérieuse attraction de la nécessité, il se baissa pour détacher l'animal qui ne bougeait plus du piége où il se trouvait pris. Comme il dénouait le collet, un rapide souvenir lui retraça sa dernière rencontre avec Isidore Derizelles, et la sorte de provocation menaçante que lui avait faite celui-ci en le surprenant.

En ce moment, Cantain eut la conviction qu'il allait être pris, et cependant il ne s'interrompit pas.

Comme le mari de la Roussotte plaçait son gibier sous sa blouse, le braconnier, voyant Isidore épier le carrier, comprit qu'il pouvait tenter de s'échapper sans être poursuivi par le garde, qui n'abandonnerait pas une prise certaine pour une douteuse ; et, quittant sa cachette, il se lança à toutes jambes dans les hauteurs du bois, où il disparut.

Le bruit qu'il avait fait en s'échappant fit relever la tête à Cantain ; il aperçut alors Isidore qui venait de franchir la brèche et se tenait immobile devant lui.

— J'en étais sûr, murmura Cantain répondant intérieurement à la crainte qui l'avait agité un moment auparavant.

— Moi aussi, j'étais bien sûr que je t'y reprendrais, répondit Isidore; mais cette fois-ci ce n'est pas comme l'autre, ça me regarde. Allons, continua-t-il en portant sa main sur la blouse du carrier, jette-moi sur le chemin ce que tu caches là-dessous.

Cantain laissa tomber son lièvre à terre.

— Écoute, Derizelles, dit-il à Isidore qui tirait sa montre de son gousset pour faire mention sur son procès-verbal de l'heure à laquelle il avait constaté le délit, — écoute, on ne t'aime pas dans le pays.

— On me craint et on a raison, fit Isidore.

— Eh bien, reprit Cantain avec un certain accent de tristesse et d'humilité extrême, c'est mauvais d'être craint dans un pays. Je le sais, moi, qu'on redoute, et qui, pourtant, n'ai jamais fait du mal volontairement : écoute-moi encore : Veux-tu avoir en moi une âme dévouée ? ne me fais pas de procès-verbal aujourd'hui.

— Il y a trop longtemps que je te guette. Je te prends, je ne te lâche pas.

— Mais, dit Cantain, tu sais bien que je ne braconne pas. Si j'étais braconnier, je n'aurais pas jeté mon collet, ajouta-t-il en montrant le fil de laiton qui était resté accroché dans un arbre lorsqu'il l'avait lancé dans le bois. J'ai ramassé le lièvre parce qu'il était à mes pieds, et aussi, continua-t-il, en serrant les lèvres, parce qu'on crève la faim à la maison, femme, enfant, bête et tout. Tiens, reprit-il en s'emparant d'une main d'Isidore avant que celui-ci eût pu s'en défendre, laisse-moi aller aujourd'hui ; je sais qu'il faut que tu verbalises, c'est ton devoir ; eh bien ! je te jure que, plus tard, le jour que tu me désigneras, je viendrai me faire prendre pour que tu me fasses un procès.

— Cette farce ! fit Isidore en riant grossièrement ; et, redevenant sérieux, il reprit : Allons, pas d'histoires ; tu sais bien que ton affaire est faite.

— Tu ne veux pas? fit Cantain. — Il y avait tant de menace dans ces deux mots, qu'Isidore eut peur d'une voie de fait ; et s'étant reculé, il porta la main à son fusil.

— Le procès aura lieu, dit-il en se tenant sur la défensive.

— Soit. Mais souviens-toi que je porte malheur à ceux qui veulent me faire ou qui me souhaitent seulement du mal.

XII

LE PROCÈS-VERBAL

Isidore hésita un moment ; mais il eut honte de sa faiblesse et s'éloigna après avoir mis dans son carnier le lièvre que Cantain lui avait abandonné.

Une heure après avoir rencontré Isidore dans le bois, Cantain, revenant de chez le médecin de Pontisy qu'il n'avait point trouvé, aperçut le garde qui entrait à la mairie.

— Je m'occupe de toi, dit Isidore au carrier quand celui-ci fut auprès de lui ; et il lui montra une feuille de papier au coin de laquelle Cantain reconnut un timbre.

— Souviens-toi de Roussel, souviens-toi de la boulangère, lui répondit le carrier à voix basse. Je t'ai prévenu, prends garde.

— Des menaces! interrompit Isidore; bon ! j'en prends note. Ce n'est pas assez de l'amende, tu veux donc manger le pain de la prison ? Et il entra dans la maison commune.

Lorsque son mari revint à la maison, au seul aspect de sa physionomie, la Roussotte devina qu'il avait rencontré un nouveau malheur en route.

— Et le médecin? demanda-t-elle avec inquiétude en montrant le berceau de l'enfant qu'elle avait couvert avec la limousine de son père.

— Le médecin! répondit le carrier avec un accent farouche; il était sorti pour aller voir un malade à Recloses, et comme les chemins sont mauvais, il ne reviendra peut-être que demain matin.

— Mais alors, fit la Roussotte en agitant avec son pied le berceau dans lequel se lamentait l'enfant, notre pauvre petit, qu'est-ce qu'il va devenir? Ah ! fit-elle avec désespoir, Dieu ne nous prendra donc pas en pitié!

En ce moment, Cantain, qui n'osait pas raconter à sa femme sa rencontre avec Isidore, s'était accoudé sur le coin de la table, et jouait machinalement avec le licol de la chèvre. En lui voyant prendre le licol, qu'on ne lui mettait ordinairement que pour aller à l'herbe, l'intelligente bête, qui était accroupie sur une litière de feuilles sèches, se leva aussitôt et commença à tourner dans la chambre en faisant des bonds joyeux comme elle en avait l'habitude lorsqu'elle devinait qu'on allait la conduire au pâturage. Comme elle s'était approchée de Cantain et flairait, ainsi que presque tous les animaux domestiques ont coutume de le faire avec les objets qui leur sont d'usage familier, le licol que le carrier tenait dans sa main, celui-ci l'ayant repoussée brutalement, la chèvre poussa un bêlement plaintif et revint se coucher sur la litière, léchant, pour tromper sa faim, les parcelles de salpêtre qui pouvaient se trouver sur la muraille.

— Écoute-moi, mon homme, dit la Cantain en s'approchant de son mari et en lui parlant avec un ton de résolution inaccoutumé, j'ai idée que Dieu nous abandonne comme ça parce que nous sommes trop fiers. L'orgueil, vois-tu, c'est comme le pain blanc, ça ne convient qu'aux riches. Si nous avions voulu nous laisser mettre aux indigents, nous ne serions pas si malheureux ! Supplier le malheur d'avoir pitié de vous sans vouloir s'humilier devant lui, c'est faire sa prière sans se mettre à genoux. Si ce n'est pas pour toi, si ce n'est pas pour nous, reprit-elle plus doucement, comme si elle eût été honteuse d'avoir parlé si haut à son mari, que ce soit pour notre petit, qui va mourir de froid, de faim, et aussi de notre orgueil ! Donne-moi un mot de permission pour que j'aille à la mairie nous faire mettre aux pauvres. Et se jetant dans les bras de son mari, qu'elle embrassa avec une tendresse suppliante :

— Ah ! Cantain, mon homme, je sais bien que c'est dur, va ! Oh ! l'aumône, fit-elle en s'interrompant, comme si elle se fût efforcée elle-même intérieurement lutter contre une derrière révolte de sa fierté. Puis, laissant tomber sa voix noyée dans les larmes, elle serra avec force la main de son mari, et lui dit en montrant le berceau de l'enfant : — Mais tu vois bien qu'il le faut!

— Nous n'avons plus même cette ressource, ma pauvre femme, répondit Cantain ; la commune ne donnera pas de secours à un homme qui va être appelé en justice. Et il lui raconta sa rencontre avec Isidore, et le procès-verbal qui en avait été le résultat.

— Alors, fit la Roussotte en se laissant tomber comme anéantie sur sa chaise, si nous sommes dans les mains de Derizelles, nous sommes perdus ; tu iras en prison, mon pauvre homme.

Et les deux époux demeurèrent immobiles et silencieux en face l'un de l'autre. Cette immobilité et ce silence lugubres n'étaient troublés que par les bruits sinistres de l'ouragan d'hiver qui s'engouffrait dans la cheminée et soulevait les cendres froides de l'âtre, où les chenêts eux-mêmes étaient revêtus d'une couche de givre.

De temps en temps, l'enfant, repris par ses convulsions intermittentes, poussait un cri épuisé, auquel la chèvre répondait par un faible bêlement en secouant dolemment sa tête barbue.

Si la Misère fût entrée en ce moment sous le toit de la Maison de paille, elle aurait reculé devant son œuvre.

Lorsque Cantain avait vu Isidore entrer à la mairie, celui-ci s'y rendait pour faire, selon les exigences de la loi, l'affirmation du procès-verbal qu'il venait de rédiger. Il fut violemment dépité en apprenant par le secrétaire de la mairie que le maire et son adjoint étaient absents tous deux, et que leur retour dans la journée même était au moins douteux.

Le procès-verbal d'un garde devant, sous peine de nullité, être affirmé dans les vingt-quatre heures qui suivent le délit, et Isidore craignant, s'il attendait la rentrée des autorités de sa commune, qu'il ne fût trop tard pour assurer la validité des poursuites, il se résolut à aller faire son affirmation chez le juge de paix de Nemours.

Comme il exprimait cette intention devant le secrétaire de la mairie : Si vous voulez aller à Nemours et en revenir avant ce soir, vous n'avez pas de temps à perdre, lui dit celui-ci. Vous serez obligé de prendre le chemin le plus long, car il n'y a que la grande route qui soit praticable, et encore la diligence des frères Orson a été obligée de s'arrêter hier à l'auberge du *Cheval-Blanc.*

— Si j'étais seulement sûr que le maire ou l'adjoint soit revenu demain matin fit Isidore en hésitant.

— Avec ce temps-là, répliqua le secrétaire en montrant la neige qui commençait à retomber, on sait quand on part, mais on ne sait pas quand on pourra revenir. Ces messieurs peuvent rentrer ce soir, comme ils peuvent rester dehors jusqu'à demain. Moi je vous dis ça ; vous ferez ce que vous voudrez, vous m'entendez bien.

— Ah! tant pis, fit Isidore en se levant comme un homme qui prend un parti ; avant tout, faut faire son devoir ; j'irai à Nemours.

— Qui est-ce que vous avez pincé ? demanda le secrétaire.

— C'est l'homme à la Roussotte.

— Le carrier de Saint-Clair ! celui qui a fait mourir la boulangère ! Oh ! alors, je comprends que vous teniez à ce que l'affaire ait des suites.

— Bah ! fit Isidore en regardant sa montre, en pressant le pas je pourrai aller à Nemours et en être revenu avant la nuit.

Avant de se mettre en route, il rentra chez lui pour prévenir son père qu'il allait en ville, et qu'il ne fût pas inquiet au cas où le mauvais temps ou quelque retard imprévu l'obligerait à passer la nuit à Nemours.

En apprenant que c'était à cause d'un procès-verbal dressé contre Cantain qu'Isidore allait à la ville, Derizelles, dont la rancune contre la Roussotte n'était pas encore éteinte, excita le zèle haineux du garde.

— Au fait, dit-il, j'ai une espèce d'affaire en train à Nemours. J'aurais bien pu attendre un jour ou deux qu'il fasse un temps meilleur, mais puisque j'ai une occasion d'y aller dans ta compagnie, nous ferons route ensemble. En voilà-t-il un hiver dur au pauvre monde ! ajouta-t-il en regardant à la fenêtre dont les vitres, secouées par la bise, étaient obscurcies par la neige qui les fouettait obliquement. Ah ! reprit-il en avalant d'un seul trait un demi-verre de vieille eau-de-vie, si le bon Dieu était obligé de sucrer toute cette neige-là, il en serait plus avare.

Il était deux heures de l'après-midi lorsque le père et le fils se mirent en route. La course fut ralentie par un arrêt que fit Isidore, qui, ayant aperçu une bande d'oies sauvages, perdit une demi-heure en faisant un grand tour pour pouvoir les surprendre. Obligé de les tirer à une trop grande portée, il ne put les atteindre.

Lorsqu'il vint retrouver son père, qu'il rejoignit à un carrefour où aboutissaient les chemins de Larchant et de Villiers, il surprit Derizelles examinant avec inquiétude des traces qu'un animal de grande espèce avait imprimées sur la neige.

Isidore les ayant examinées à son tour, reconnut que ces traces, de grandeurs différentes, indiquaient le récent passage de trois loups dont une louve.

Isidore, quittant la route, s'avança de quelques pas dans les terres pour voir, par le pied des animaux, quelle direction ils avaient pu suivre, mais la neige tombait si abondamment que les empreintes étaient déjà effacées.

Tout en marchant, comme il avait tiré ses deux coups sur les oies, il rechargeait son fusil; en le voyant glisser des chevrotines dans l'un de ses canons, son père lui dit:

— Ma foi, tu as raison; avant d'arriver, nous pourrions encore rencontrer quelques-unes de ces bêtes-là, et, à ta place, je mettrais une balle.

— Je n'en ai pas dans mon carnier, répondit Isidore ; mais, soyez tranquille, en cas de mauvaise rencontre, à quarante pas comme à vingt, avec cette charge-là, je ne crains ni homme ni bête.

— Tonnerre ! qu'il fait froid ! murmura Derizelles en frappant l'une contre l'autre ses larges mains recouvertes d'une sorte de gants sans doigts, en tricot épais, et qu'on appelle des *moufles*.

En effet, la bise qui chassait la neige était devenue si aiguë qu'elle ouvrait des gerçures dans la peau exposée à l'air.

Quatre heures sonnaient à l'église de Nemours lorsque Derizelles et son fils traversaient le premier pont jeté sur le canal de Loing. Il était encore grand jour. Lorsqu'ils furent en ville, ils se séparèrent, l'un pour aller chez le juge de paix, l'autre pour aller traiter de l'affaire qui l'avait amené. Ils se donnèrent rendez-vous à l'hôtel de l'*Écu*.

Isidore y fut de retour le premier ; son père le fit attendre près d'une heure, et lorsqu'il revint, le jeune homme s'aperçut qu'il avait la langue plus habile que les jambes. Malgré toutes ses instances, il ne put décider Derizelles à s'en retourner sur-le-champ. Celui-ci s'obstina à vouloir dîner avant de partir.

— J'ai fait une bonne affaire, garçon, lui dit-il en se frottant les mains, une bonne petite affaire bien avantageuse, un bon petit sous-seing privé, passé par-devant maître Cachet Rouge et son collègue Cognac, en leur étude, chez le marchand de vin. Ah ! reprit-il comme s'il se parlait à lui-même, il a beau faire froid, ça ne gèle pas les imbéciles. Il y en a encore, il y en aura toujours ! Il en faut même, mon garçon. Aussi, pour la peine, continua-t-il en frappant sur l'épaule d'Isidore, je veux t'offrir un bon dîner. Je connais la cuisine de l'*Ecu*; elle est bonne.

— Alors, dit Isidore, si nous restons à dîner, nous coucherons ici.

— Non pas, non pas, dit Derizelles, faut s'amuser quand ça se trouve, mais il ne faut pas négliger les affaires. J'ai besoin d'être à Saint-Clair demain matin. Mais comme je suis un peu chargé, ajouta-t-il en écartant sa limousine sous laquelle il cachait un sac plein d'écus, j'ai retenu deux places à la voiture d'Orson, qui part dans une heure. C'est une petite dépense; mais ce soir je ne regarde pas à l'argent. Pour lors, mon garçon, va-t'en au fourneau et demande à ton goût; ce qui te plaira me sera agréable.

Et il s'étala largement devant la béante cheminée de l'auberge, illuminée par une claire et joyeuse flambée de sarments, au milieu desquels brûlait en ronflant d'un côté et en pleurant de l'autre, un énorme tronc de hêtre.

XIII

UNE NUIT D'HIVER

Lorsqu'Isidore, après avoir commandé le dîner, revint auprès de son père, il trouva celui-ci qui, à moitié assoupi par la douce chaleur du foyer, fredonnait entre les dents un couplet de sa chanson favorite :

> C'est pour aller voir Madelon, ma belle ;
> Elle a des écus trois fois gros comme elle,
> Don ! daine!
> C'est l'amour qui nous mène.

Derizelles ne s'éveilla complétement que lorsqu'il sentit l'odorante fumée de la soupe lui monter aux narines.

Six heures venaient de sonner à l'auberge de l'*Ecu*, et Derizelles et son fils achevaient leur repas assez largement arrosé, lorsque le conducteur de la voiture où leurs places étaient retenues vint les prévenir qu'on allait se mettre en route.

La neige avait alors cessé de tomber, mais le froid était devenu plus intense, et les étoiles claires et nombreuses semblaient frissonner dans la blancheur d'un ciel polaire.

Derizelles s'était endormi aux premiers tours de roue de la voiture, qui ne marchait que très-lentement, car, bien qu'ils fussent ferrés à glace, les chevaux modéraient d'eux-mêmes leur allure, comme s'ils avaient eu l'instinct d'un péril.

Quand on fut arrivé au pied d'une côte très-rapide qui se trouve à moitié chemin de Nemours et de Pontisy, le conducteur, pour alléger son attelage, pria les voyageurs de descendre jusqu'au moment où on aurait atteint la route plane.

Tout le monde descendit, à l'exception de Derizelles qui persista à rester dans l'intérieur et qui eut, à propos de son refus, une querelle avec le conducteur.

Isidore avait des habitudes de sobriété dont il ne s'écartait que très-rarement; comme pendant le dîner son père l'avait obligé à lui tenir tête à table, il se sentait le cerveau un peu embarrassé et la parole un peu difficile. Au milieu de ce commencement d'ivresse, une pensée nette s'était dégagée cependant, et troublait son esprit par une instinctive inquiétude.

S'étant rappelé la prédiction menaçante de Cantain,

depuis l'affirmation du procès-verbal qui devait entraîner des poursuites contre le carrier, Isidore avait peur. C'était même pour s'étourdir de cette peur, qui l'avait envahi en quittant la justice de paix, qu'il avait bu autant pendant son repas.

Sans pouvoir comprendre quelle en était la nature, il lui semblait que chaque pas qu'il faisait l'approchait d'un danger inévitable ; le « prends garde à toi » du carrier lui bourdonnait aux oreilles, et venait réveiller son inquiétude chaque fois qu'il parvenait à s'en distraire.

En montant lentement la côte, Isidore causait avec le conducteur qui marchait à côté de lui, enveloppé jusqu'aux yeux dans sa peau de bique.

Un incident de leur conversation frappa vivement son esprit, et fut comme une révélation du péril dont il se croyait menacé.

Vivant en rapports familiers avec les voyageurs qu'ils sont habitués à transporter, presque tous les conducteurs sont aussi, sur les routes qu'ils parcourent, les messagers des événements qui préoccupent ou émeuvent les pays qu'ils traversent.

Celui avec lequel se trouvait alors Isidore ayant vu briller la plaque de son baudrier qui indiquait ses fonctions, lui demanda s'il n'était pas venu à Nemours pour assister à l'enterrement d'un de ses confrères qui avait été assassiné la veille par un braconnier.

Isidore répondit négativement et se fit raconter l'affaire.

Le conducteur fit rouler la chique qu'il mâchait du creux d'une joue à l'autre, et recommença un récit qu'il avait dans la bouche depuis deux jours. Le crime avait été commis dans des circontances à peu près semblables à celles où se trouvait Isidore. Le garde d'une grande propriété située dans les environs de Nemours avait été tué, la nuit, par un braconnier qu'il poursuivait depuis longtemps et auquel il avait déclaré procès-verbal.

— Figurez-vous, disait le conducteur dramatisant son récit en voyant l'impression qu'il causait sur son auditeur, figurez-vous que ce malheureux Michel (c'est le nom du garde) a été tué à coups de bâton, ayant son fusil à la main.

— Mais, interrompit vivement Isidore, il n'a donc pas fait feu.

— Quand il a vu sa vie attaquée, il a voulu tirer; mais la neige avait probablement pénétré dans ses capsules; ses deux coups ont fait long feu. Pas de chance, hein, camarade?

Isidore s'arrêta un moment, et s'étant approché de la lanterne de la voiture, il renouvela les amorces de son fusil.

— Et l'assassin, demanda-t-il au conducteur a-t-il été arrêté?

— Les gendarmes l'ont pris ce matin, répondit celui-ci. Comme on allait lui mettre les menottes, il a demandé un morceau de pain; et le brigadier m'a raconté qu'en entrant dans sa prison, son premier mot avait été :

—Mon affaire est claire, mais on ne me tuera qu'une fois, et il y aura une bouche affamée de moins à la maison.

— Il avait donc de la famille? demanda Isidore.

—Une femme et deux enfants, dit le conducteur. Le garde avait aussi de la famille; mais le propriétaire a dit qu'il ferait une pension à la veuve.

Isidore ne l'écoutait plus; une vision rapide venait de traverser son imagination. Il voyait Cantain sortir de chez lui armé d'un bâton et venir l'attendre sur son passage.

En ce moment, deux des voyageurs qui marchaient à une vingtaine de pas derrière la voiture se replièrent vivement sur le groupe au centre duquel marchait le conducteur.

— Eh bien ! demanda celui-ci, qu'y a-t-il donc ?

— Là, au long du bois, dit l'un des voyageurs dont la voix tremblait un peu, il y a un homme. Il était sur le bord de la route, il s'est jeté dans le taillis quand il nous a aperçus.

— Ce n'est pas pour cueillir la violette qu'on se promène au bois par ce temps, dit un commis-voyageur; mais si ce gaillard-là vient nous demander l'heure, je la lui ferai voir à la clarté d'une amorce, ajouta-t-il en faisant sonner la batterie d'un pistolet.

— Bah ! fit le conducteur en riant, il a vu que nous

étions plusieurs, et il est seul ; il ne se sera pas trouvé en nombre. Au reste, dans un quart-d'heure nous serons à Pontisy.

Comme on était arrivé au sommet de la côte, le conducteur fit remonter le monde en voiture. Les bruyantes plaisanteries du commis-voyageur ne purent distraire Isidore de sa préoccupation. Le visage collé à la vitre, dont la chaleur de son haleine avait fait fondre le givre, il interrogeait la route, et, épouvanté par l'optique de la peur qui dénature la forme des objets, il lui semblait voir une ombre menaçante s'agiter derrière tous les ormes qui bordaient le chemin.

Au bout d'une demi-heure, la voiture s'arrêtait au relais de Pontisy. Pour la première fois depuis qu'il était parti de Nemours, Isidore éprouva un sentiment de bien-être en voyant briller les lumières du village.

Derizelles chancelait encore un peu lorsqu'il descendit de voiture, mais avec cette ténacité particulière aux ivrognes qui ne veulent pas avoir conscience de leur état, il refusa le bras que lui offrait son fils et s'obstina à vouloir marcher tout seul.

Par la route communale qui relie ces deux villages, il y a vingt minutes de chemin de Pontisy à Saint-Clair. Cette route avait été déblayée la veille par les cantonniers ; mais la neige qui était tombée depuis l'avait de nouveau comblée en quelques endroits. Aussi Derizelles et son fils marchaient-ils assez difficilement. Les craintes qui avaient abandonné Isidore le reprirent aussitôt qu'il se trouva seul avec son père dans la partie de la plaine qui sépare les deux villages. A chaque instant il s'arrêtait pour regarder autour de lui, et au moindre bruit dont l'origine lui semblait suspecte, il sentait se coller sur sa peau la chemise glacée de l'effroi.

Le ciel s'était chargé de nouveau. La lune, à peine à son lever, venait d'être cachée par de gros nuages qui couraient chassés par le vent du nord, et semblaient, selon l'image arabe, un troupeau de moutons broutant les étoiles.

Cependant, on était déjà arrivé, non pas sans fatigue, à la croix qui indique les limites du territoire de Saint-Clair. A cet endroit, qui formait un carrefour où aboutissaient trois routes de traverse, la neige se trouvait accumulée si épaisse par le vent qui en avait déplacé les masses, qu'on y enfonçait jusqu'à mi-jambe.

Derizelles, qui commençait à souffrir du froid, voulut abréger le chemin, et, malgré les remontrances d'Isidore, il s'engagea dans un sentier qui longeait le mur du cimetière.

— Au bout du cimetière, nous prendrons la ruelle de la Pie-Borgne, disait-il en traçant à son fils le nouvel itinéraire, et dans dix minutes nous serons à une portée de fusil de notre maison.

— Mais il n'y a pas de bon sens, criait Isidore en voulant le retenir ; nous pouvons nous perdre dans les champs.

— C'est vrai que le ciel est noir comme une calotte de bedeau. Mais ma semelle connaît le chemin, et en prenant celui-là, nous serons dans notre lit dix minutes plus tôt.

Isidore se décida à suivre son père, autant par la crainte qu'il avait de l'abandonner dans un mauvais chemin que pour ne pas rester seul.

— Laissez-moi prendre le devant, dit-il, et tenez-vous au mur du cimetière. Et, poursuivi par son hallucination, il marcha le premier, sondant l'obscurité d'un œil fixe, la main sur la batterie de son fusil.

Cependant Derizelles, bien qu'il eût pour se soutenir l'appui du mur, chancelait à chaque pas. L'étroit sentier dans lequel il marchait formait un talus dont la déclivité glissante s'abaissait dans une vigne. De temps en temps, le père et le fils, qui se voyaient à peine, tant l'ombre s'épaississait, s'appelaient par un cri pour se diriger.

Tout à coup, Derizelles, qui s'était trop approché du bon chemin, se trouva, avant qu'il eût eu le temps de se retenir au mur, entraîné sur la pente glissante du talus, et il tomba dans la vigne. Il se releva d'abord sans trop de difficultés, mais, dans sa chute, il s'était violemment heurté la poitrine à un faisceau d'échalas plantés la pointe en haut.

Il appela Isidore; mais celui-ci, ayant cru voir une ombre se mouvoir à l'angle du cimetière, s'y était porté rapidement, et le bruit du vent, qui devenait plus violent, l'avait empêché d'entendre l'appel paternel.

Derizelles, ayant fait de vains efforts pour remonter l'escarpement formé par le talus, continua son chemin au hasard à travers la vigne, en suivant, pour se guider dans sa route, la ligne confuse que traçait le mur du cimetière.

La vigne dans laquelle se trouvait alors Derizelles était cultivée en *riages*, c'est-à-dire que les rangées de ceps étaient séparées les unes des autres par une sorte de fossé. Chacun de ces fossés avait été comblé par la neige, dont les tombées successives ayant été gelées les unes après les autres, formaient une triple couche de glace, assez résistante pour supporter le poids du corps lorsqu'on ne faisait que passer, mais qui devait fléchir sous une pression prolongée.

Ce fut ce qui arriva pour Derizelles, dont le pas était encore alourdi par l'ivresse. Comme il suivait péniblement l'une de ces raies, la première couche de glace s'ouvrit sous son poids. Il crut sentir ses chevilles serrées tout à coup par un bracelet de fer aiguisé. Les efforts qu'il tenta pour se dégager firent bientôt rompre la seconde couche. Derizelles était pris jusqu'aux jambes. Un troisième craquement sourd se fit entendre, et au moment où il enfonçait jusqu'au-dessus des genoux, la tempête nocturne éclata avec fureur et l'enveloppa dans un tourbillon de neige.

— Isidore ! cria-t-il, à moi ! au secours !

Il n'entendit que le murmure des cyprès et des sapins que le vent couchait sur les tombes du cimetière.

Cependant, à chaque tentative qu'il faisait pour en sortir, il sentait la neige foulée céder sous la pesanteur de son corps. Sensiblement pénétré par un engourdissement qui s'étendait déjà jusqu'au buste, il essaya de briser l'étau de glace qui le retenait; mais ses bras, paralysés par le froid, avaient déjà perdu la liberté de leurs mouvements. Il voulut crier de nouveau, un son rauque sortit péniblement de son gosier.

Tout à coup il se rappela le rêve qu'il avait fait la veille de la mort de la Lizon, et comme la neige tourbillonnait autour de lui en lui effleurant le visage avec ses parcelles glacées, il agita convulsivement la main en murmurant d'une voix étranglée :

— Ah! les mouches! les mouches!

Pendant que la situation de Derizelles s'aggravait en se prolongeant, et en même temps que le sentiment du péril et l'instinct de la conservation dissipaient les fumées du vin, une réaction opposée se produisait chez son fils, qu'il continuait vainement à appeler à son secours, sans que celui-ci lui répondît.

Isidore, en effet, qui d'abord n'avait été que légèrement étourdi, commençait à ressentir les effets de l'ivresse. Lancé à la poursuite du fantôme imaginaire né de sa propre terreur, il s'était avancé en courant au delà de l'enceinte du cimetière.

La tempête avait alors atteint les proportions d'un cataclysme. Aveuglé par les torrents de poussière neigeuse soulevée par le vent qui sifflait une plainte stridente dans les canons de son fusil, il était obligé de marcher de profil pour offrir moins de prise aux souffles impétueux de l'ouragan. Perdu dans les douteuses ténèbres de l'ivresse et de la nuit, il se heurtait à chaque instant à des objets dont la présence lui était seulement révélée par un rude et brutal contact. Tantôt, c'était une borne d'un champ qui surgissait sous son pied chancelant ; tantôt c'étaient les branches basses d'un pommier ou d'un noyer, ébranlé du tronc à la cime, qui l'arrêtaient brusquement par le milieu du corps. Halluciné par l'épouvante et croyant sentir l'étreinte imprévue d'une main ennemie, il se rejetait vivement en arrière et poussait un *Qui vive !* alarmé qui sortait à peine de son gosier sec, en même temps qu'il faisait sonner comme une menace les batteries de son arme, dont les canons glacés semblaient cependant brûler sa main crispée.

Il errait ainsi depuis près d'une demi-heure, et, pendant qu'il croyait se rapprocher, s'éloignait toujours de l'endroit où il avait laissé son père. Bien qu'il fût familier avec les lieux, l'obscurité était si épaisse qu'il ne découvrait aucun objet qui pût lui servir pour s'orienter. Pendant quelques minutes, à l'égalité du terrain et à l'absence de tout obstacle, il reconnut qu'il était dans une grande pièce de terre dite *des soixante*, à cause de son étendue géométrique. Cette pièce étant située presque au milieu de la plaine de Saint-Clair, Isidore comprit qu'il devait être à une demie-lieue de chez lui et revint sur ses pas. Il se crut un moment dans la bonne voie en reconnaissant qu'il marchait sur la lisière d'un petit bois au bout duquel se trouvait une route qui, en droite ligne, conduisait à l'abreuvoir communal, c'est-à-dire presqu'à deux pas de sa maison. Il fit tous ses efforts pour se maintenir dans ce chemin : mais les fumées du vin avaient tellement alourdi sa tête, qu'à chaque instant il la sentait heurter son épaule. Un impérieux besoin de sommeil commençait d'ailleurs à peser sur ses yeux. Pour tenir ouvertes ses paupières qui se fermaient malgré lui, et pour dégager un peu son cerveau des vapeurs croissantes qui l'enveloppaient, il prit une poignée de neige dans sa main et s'en frotta le front et le visage. Ce bain glacé eut un moment un résultat salutaire. Il marcha assez rapidement et assez droit, et sa vue éclaircie, commençant à s'habituer aux ténèbres, en perçait assez l'obscurité pour qu'il pût éviter les obstacles. Mais comme il arrivait à la corne du bois, au milieu du sentier qui le traversait, il aperçut à une distance très-rapprochée deux points lumineux pareils à des braises incandescentes, et qui s'attachaient sur lui avec une fixité persistante et magnétique. Presqu'au même instant, au milieu du vent qui se lamentait dans les arbres, Isidore entendit l'assourdissant tapage causé par les cris des pies et des geais, auxquels se mêlait le croassement des corbeaux, dont un émoi subit venait de troubler le sommeil. Cette bruyante alarme était motivée par la présence d'un des loups dont Isidore avait reconnu la trace sur la route de Nemours. L'animal, après avoir battu toute la plaine, venait sans doute d'entrer dans le bois pour y faire sa nuit, et son arrivée inattendue, signalée par un hurlement d'appel adressé à la louve errante, avait éveillé l'instinctive inquiétude des oiseaux.

Isidore connaissait les habitudes de l'animal qu'il avait en face de lui ; il savait qu'il se décide difficilement à se jeter sur un homme, à moins que celui-ci ne s'arrête ou ne fasse une chute qui embarrasse sa défense. Cette rencontre vint faire une diversion à la pensée qui l'avait jusque-là tenu sur un pied de défensive. Il oublia Cantain pour ne plus songer qu'au loup dont il voyait le regard flamber rouge comme la flamme de l'astre de Saturne.

L'animal, qu'Isidore ne pouvait apercevoir que comme une forme confuse, semblait rester immobile. Le jeune homme comprit que le bruit de ses pas, étouffé dans les clameurs de la tempête, n'avait peut-être pas indiqué son approche, et que si le loup ne l'avait pas encore éventé, il pouvait éviter sa poursuite en se mettant à contre vent de son flair. Mais alors il était obligé de tourner le bois dans le sens opposé, et de quitter la direction sûre que lui traçait sa route, pour se jeter de nouveau à travers champs.

Il s'y résolut cependant, préférant les hasards du chemin à une rencontre presque certaine avec un animal qu'il pouvait supposer affamé, et qui, à sa première hésitation ou à sa première chute, pourrait lui sauter à la gorge. Il était retourné sur ses pas et avait déjà fait une trentaine de mètres, lorsqu'il entendit la neige crier régulièrement derrière lui. Il se retourna sans s'arrêter, et aperçut alors les yeux brillants du loup, qui, l'ayant éventé malgré ses précautions, le suivait en réglant son pas sur le sien.

Isidore eut un moment l'idée de s'arrêter et de tirer l'animal au moment où celui-ci voudrait s'élancer sur lui, mais en présence du péril, il craignait de ne pas retrouver son adresse ordinaire. L'obscurité était d'ailleurs si profonde, qu'il aurait eu de la peine à l'ajuster, car il n'apercevait pas même le bout de son fusil. Dans la crainte que le loup ne l'obligeât à faire feu en l'attaquant le premier, il se rappela une précaution qui consiste à attacher ou à coller à l'extrémité du canon du fusil, de petits morceaux de papier blanc, destinés à remplacer le point de mire que la nuit rend invisible.

Malgré l'émotion que lui causait son voisinage, Isidore trouva dans le danger même assez de sang-froid pour donner à son arme, au cas où il serait obligé d'en faire usage, toute la sécurité qui lui manquait. Tout en avançant péniblement et en se retournant de temps en temps pour observer la marche de l'animal, il fouilla dans les poches de son carnier où il prit une bourre faite avec un morceau de journal dont il déchira la marge blanche avec ses dents ; comme il n'avait point de ficelle, il rompit le cordon qui servait de jugulaire à sa casquette, il s'en servit comme d'un lien pour attacher sur le canon de son fusil le morceau de papier blanc, qui pouvait, autant que possible, assurer la justesse de son tir.

Isidore, un peu rassuré par cette précaution, fit un appel à toute sa vigueur pour accélérer sa marche ; mais elle se trouva de nouveau ralentie lorsqu'il eut abandonné la route pour rentrer dans la traverse. Malgré la fraîcheur glaciale de l'air, il sentait la coiffe de sa casquette humide d'une sueur brûlante qui se cristallisait en ruisselant goutte à goutte dans ses sourcils et dans sa moustache. Comme il était arrivé cependant au bord opposé du bois où il avait fait la rencontre de l'obstiné compagnon qui l'avait obligé à rebrousser chemin, il aperçut les yeux flamboyants d'un autre loup qui croisait dans la plaine comme s'il avait l'intention de lui barrer passage. Isidore tourna rapidement la tête et vit l'autre animal qui continuait à le suivre, mais il lui parut en même temps que la distance qui les avait séparés jusque-là l'un de l'autre s'était diminuée.

Machinalement il avait abattu son fusil dans la direction du loup qu'il avait en face de lui, et l'ajustait dans l'espèce de rayonnement que ses yeux formaient dans l'obscurité, lorsqu'il entendit un hurlement lointain qui semblait se rapprocher et auquel répondirent les deux animaux au milieu desquels il se trouvait.

— C'est toute la bande de ce matin, pensa-t-il intérieurement, et, pris par une de ces épouvantes qui paralysent la réflexion, il se jeta d'un bond dans le bois au bord duquel il se trouvait. En obéissant à un premier mouvement de terreur, lorsque Isidore s'était lancé dans le taillis, la branche inférieure d'un arbre contre lequel il s'était heurté sans le voir lui avait froissé la jambe. Cette branche, qui était à un pied du sol lui suggéra l'idée de tenter une escalade dans l'arbre auquel elle était attachée. Il y mit le pied pour essayer sa résistance, et l'ayant trouvée assez solide pour supporter le poids de son corps, il s'enleva aidé par elle jusqu'au milieu du tronc, qu'il étreignit de ses deux bras. Familier avec un exercice qu'il avait pratiqué lorsqu'il allait aux nids dans son enfance, il atteignit bientôt la fourche formée par les deux branches mères de l'arbre, et il se mit à cheval dessus.

En ce moment, dix heures sonnaient à l'église de Pontisy, et de la hauteur où il se trouvait et qui lui permettait de dominer toute la plaine, il vit les feux de ce village et ceux du hameau de Saint-Clair qui s'éteignaient les uns après les autres. Déjà aussi l'ouragan, si furieusement déchaîné, s'apaisait un peu. Les arbres, si violemment secoués et tordus quelques minutes auparavant, commençaient à s'immobiliser.

Les nuages, plus lents et moins épais, se laissaient pénétrer par la lumière nocturne des étoiles, qui déjà rendait les formes moins vagues. Aussi Isidore put-il bientôt reconnaître la taille des deux animaux auxquels il venait d'échapper, et qui rôdaient au pied de l'arbre, en répondant par intervalles inégaux aux hurlements impérieux par lesquels leur mère semblait les appeler. C'était la louve, en effet, qui, s'étant aventurée jusqu'à une maison isolée de Saint-Clair, dont la porte avait été laissée entr'ouverte par les habitants qui étaient à la veillée, avait étranglé un jeune veau. Trouvant la proie trop lourde pour l'apporter jusqu'à ses louveteaux, après l'avoir péniblement traînée jusqu'à un petit bois appartenant à Louciot, elle les appelait pour qu'ils vinssent la partager avec elle.

Isidore, son fusil à la main, suivait les mouvements des deux louveteaux, qui tournaient au pied de l'arbre ; il allait les tirer, lorsqu'il s'aperçut que pendant son ascension sa poudrière était tombée de son carnier, et qu'il ne pourrait plus recharger au cas où il n'aurait pas atteint mortellement les deux animaux, qui, au bout d'un quart d'heure, obéissant à un énergique appel de la mère, prirent le parti d'abandonner une proie douteuse pour aller trouver celle qui leur semblait promise. Isidore les vit se diriger à grands pas vers un point de la plaine opposé à celui vers lequel il comptait se diriger. Il était d'ailleurs temps pour lui qu'ils s'éloignassent, car il n'aurait évité un danger que pour tomber dans un autre. Son immobilité aurait de nouveau provoqué le sommeil, et si dans sa situation il avait fermé les yeux, il n'aurait pas pu les rouvrir, car le sommeil, c'était la mort.

Il descendit en toute hâte de l'arbre et prit sa course. Débarrassé de l'inquiétude que lui avaient causée les loups, il fut repris par celle que lui causait Cantain, et qui était si vive, qu'elle suffisait pour le tenir éveillé. Au bout d'un quart d'heure, il était déjà, sans le savoir, près de l'endroit où il avait laissé Derizelles, qu'il croyait rentré depuis longtemps, car il connaissait l'égoïsme paternel, et pensait bien que son père n'avait point songé à le chercher ni à l'attendre. En voyant devant lui le mur du cimetière, pour abréger la route il se jeta dans la vigne à l'extrémité de laquelle son père était depuis une heure enfoui jusqu'au ventre dans un triple étau de glace et de neige. Le sentiment de l'existence abandonnait déjà Derizelles. Au moment où il entendit les pas de son fils, il voulut cependant crier au secours; mais le son inarticulé expira dans sa voix. Il voulut élever ses bras roidis, mais ils restèrent pétrifiés au long de son corps.

Cependant Isidore, qui marchait toujours dans une attitude de défiance offensive, avait aperçu de loin une forme noire et d'apparence humaine qui se détachait sur la blancheur encore douteuse de la neige; il s'arrêta subitement et cria à haute voix, en prenant son fusil :

— C'est toi, Cantain; lève-toi ou je te brûle.

En reconnaissant la voix de son fils, Derizelles fit un suprême effort pour crier; il voulut s'ouvrir la bouche en y enfonçant le poing, mais ses dents demeurèrent serrées et comme scellées l'une contre l'autre. Il parvint cependant à élever une de ses mains au-dessus de sa tête; mais cette main était armée du bâton avec lequel il avait essayé vainement de rompre la glace qui l'entourait.

— Une fois, deux fois, lève-toi, ou je te brûle, répéta Isidore, éperdu d'épouvante.

Et, comme l'ombre restait immobile et silencieuse, il ajusta et fit feu.

Derizelles ploya le corps en avant et tomba en s'appuyant sur les mains.

— Il y est ! il y est ! s'écria Isidore, fou lui-même de terreur ; et comme il piétinait sur le sol avec la fureur du sauvage qui célèbre sa vengeance, le poids de son corps fit céder la glace sous ses pieds, et il s'enfonça lentement dans un trou de neige où il se trouva enseveli jusqu'aux épaules.

Comme il criait au secours, il entendit le hurlement des loups qui semblaient se rapprocher.

Le corps de Derizelles et celui d'Isidore ne furent découverts que le lendemain matin. C'étaient les corbeaux et les oiseaux carnassiers volant en cercle autour d'eux qui avaient attiré l'attention de quelques gens de Pontisy.

Les deux cadavres étaient à moitié dévorés par les loups et les bêtes de proie, on ne retrouva sur le corps du fermier aucune trace qui pût indiquer un meurtre. La présence du sac d'argent dont il se trouvait encore nanti démentait d'abord toute supposition d'attaque nocturne, en même temps que la position dans laquelle le père et le fils avaient été rencontrés expliquait naturellement l'événement qui avait causé leur mort.

Mais lorsqu'on apprit qu'Isidore avait péri en revenant d'affirmer à Nemours le procès-verbal dressé par lui contre Cantain, comme on connaissait en outre dans le pays la haine que Derizelles portait à la Roussotte, sa mort et celle de son fils furent attribuées par la superstition populaire à la mystérieuse influence qui semblait frapper mortellement tous les gens contre lesquels le carrier pouvait avoir un motif de rancune.

Une réelle épouvante s'empara alors de tous les gens du pays, et il fut décidé que, par tous les moyens possibles, on obligerait le ménage de la Maison de paille à abandonner Saint-Clair.

Louciot, que la mort de son beau-frère et de son neveu rendait héritier de la plus grande partie de leurs biens, se mit à la tête de ce mouvement, et, bien qu'il fût persuadé que l'événement qui le mettait si richement en deuil n'avait eu que des causes naturelles, il dénonça le carrier comme y ayant pris une part.

Le propriétaire de Pontisy, en apprenant la fin tragique de son garde, s'était ému de son côté. Comme il savait l'inimitié qu'Isidore s'était attirée par sa vigilance et sa sévérité, il n'était pas éloigné de croire que celui-ci avait été victime de quelque guet-apens. La lecture du procès-verbal dressé le matin contenait d'ailleurs une mention de menaces qui pouvaient devenir une charge contre celui qui les avait faites.

Le comte de Cyran, ayant obtenu du maire que l'on surseoirait à l'enterrement de Derizelles et de son fils, alla lui-même à Fontainebleau chercher le procureur du roi, qu'il ramena avec lui; et lorsqu'il lui eut raconté les faits, celui-ci y trouva matière suffisante pour procéder à une enquête, en même temps qu'il ordonnait l'arrestation provisoire de Cantain.

Tout le village accompagna les gendarmes venus avec le procureur du roi, lorsque ceux-ci se transportèrent à la Maison de paille.

On trouva le carrier essayant de faire reprendre connaissance à la Roussotte, qui était évanouie auprès du berceau dans lequel son enfant était mort pendant la nuit.

Comme on avait oublié de refermer la porte, la petite chèvre se sauva dans la cour, et, franchissant d'un bond la clôture basse qui séparait la maison de la plaine, elle prit sa course dans la direction du taillis, où, avant les grandes rigueurs de l'hiver, la Roussotte l'avait quelquefois menée paître. Mais un paysan qui tirait des corbeaux l'ayant reconnue pour appartenir au ménage maudit, lui tira un coup de fusil à dix pas et la tua au moment où elle allait entrer dans le bois.

La douleur abrutie du carrier, le pitoyable état dans lequel était sa femme, le sinistre cadre que la misère donnait à leur désespoir n'émurent aucun des paysans que les gendarmes n'avaient pu empêcher de pénétrer dans la masure.

En voyant l'enfant mort, l'un d'eux dit même à haute voix :

— Tant mieux! ça en fait déjà un de moins.

Sans qu'on lui eût dit pour quel motif on l'arrêtait, on conduisit le carrier dans la maison de Derizelles, où la justice et les autorités du pays s'étaient rassemblées pour procéder au commencement de l'enquête.

Cantain ne put s'empêcher de pâlir lorsqu'on écarta les rideaux du lit sur lequel Isidore était étendu. En se rappelant l'espèce de menace qu'il lui avait adressée la veille devant la mairie, il partagea pour la première fois la croyance qui lui attribuait une influence fatale à ses ennemis.

Le premier mot qui lui échappa était de nature à le compromettre gravement devant tous ceux qui l'écoutaient.

— Je l'avais prévenu, dit-il en jetant sur le cadavre d'Isidore un regard dans lequel il y avait cependant plus de pitié que de vengeance satisfaite.

— Vous reconnaissez donc l'avoir menacé? lui demanda le procureur du roi en faisant signe à son greffier d'écrire les réponses du carrier.

Celui-ci raconta d'abord sa rencontre avec Isidore, et comment, après l'avoir supplié de ne point le poursuivre, il avait essayé de frapper son imagination en lui prédisant un accident prochain.

Son attitude et le ton avec lequel il répondit à l'interrogatoire qui lui fut adressé semblaient intérieurement convaincre, ceux qui en étaient témoins, de son innocence. Mais on avait remarqué que le fusil d'Isidore avait été déchargé d'un côté; ce qui pouvait faire supposer qu'il avait fait usage de son arme pour sa défense. La possibilité d'une attaque nocturne ayant été admise, Cantain fut conduit à l'endroit même où les deux cadavres avaient été retrouvés, et où l'enquête se poursuivit par l'examen du théâtre des événements. Les traces de piétinement laissées par Isidore à la place où il avait disparu dans la neige purent un instant faire croire à une lutte. Mais lorsqu'on obligea le carrier à mettre ses pieds dans les empreintes restées visibles sur la neige, sa chaussure les dépassait en longueur aussi bien qu'en largeur. Cette observation allait être consignée, lorsque le garde-champêtre, qui avait été requis le premier, fit remarquer qu'une des ruses les plus banales des braconniers était de varier leurs chaussures pour que la trace qu'elles pouvaient laisser ne servît point à guider les gardes dans leurs recherches.

Des faits de l'enquête il ne demeurait cependant rien de précis contre le carrier; mais dans les éclaircissements et dans les renseignements que la justice demanda aux voisins de Cantain, dont l'animosité ne perdit point l'occasion de se manifester, il resta quelques présomptions morales qui convertirent son arrestation provisoire en mandat d'amener.

Le procureur du roi prit cependant en considération la situation de la femme de Cantain; et pendant qu'on emmenait celui-ci à la prison de Fontainebleau, il ordonna que la Roussotte fût transportée dans une maison de bienfaisance. Le maire fut chargé de veiller à l'inhumation de l'enfant mort.

Huit jours après son arrestation, un arrêt de non-lieu du juge d'instruction ouvrait à Cantain les portes de la prison. Ce fut un jour de marché qu'il fut mis en liberté. Deux ou trois paysans de Saint-Clair l'ayant rencontré avec sa femme dans les rues de Fontainebleau, vinrent annoncer leur retour au village.

La nouvelle fit presque émeute.

— Puisque la justice et l'autorité ne veulent pas débarrasser le pays de ces deux *porte-malheur*, il faut nous en débarrasser nous-mêmes, dit un des voisins de Cantain.

— Tant que le nid y sera, dit un autre, les oiseaux y reviendront.

Le soir même, une main qui resta inconnue mit le feu à la Maison de paille.

Lorsque le carrier et sa femme revinrent le lendemain à Saint-Clair, ils ne trouvèrent plus que les quatre murailles noircies de leur masure.

Les deux époux restèrent d'abord immobiles, puis ils entrèrent silencieux dans les ruines, où leurs pas soulevaient une poussière encore chaude.

L'incendie n'avait rien épargné. Les rares et grossiers meubles que renfermait la chaumière n'étaient plus que des charbons.

En reconnaissant les débris du berceau de son enfant, la Roussotte se mit à genoux et fondit en larmes.

Son mari, qui fouillait dans les décombres, y trouva encore chauds le marteau de fer et le coin qui lui servaient au chantier.

Il prit le coin et l'aiguisa sur une pierre de grès qu'il avait mouillée avec sa salive.

— Cantain, mon homme, fit la Roussotte en se précipitant sur lui et en lui prenant le bras, tu vas venir avec moi; je ne veux pas que nous restions ici. Si je découvrais celui qui a mis le feu sous le toit où est mort notre petit, je te dirais de le tuer. Et s'il avait des enfants, ajouta-t-elle avec un sauvage accent de désespoir, j'irais les tuer moi-même. Allons, viens-tu? et prenant son mari par la main, elle le tira dans la cour.

— Allons-nous-en, répéta le carrier. Mais où irons-nous? demanda-t il en regardant sa femme avec désespoir.

— Voilà assez longtemps que nous marchons dans le chemin des malheureux, fit la Roussotte. Dieu se lassera de nous voir souffrir.

— Ma femme, dit Cantain en serrant avec force la main de la Roussottte, c'est plus fort que moi, je pense au mal.

— Je le sais bien, mon homme, interrompit la Cantain ; mais tant que je serai auprès de toi, tu n'en feras pas.

Et s'étant emparée de son bras, elle l'obligea à sortir de la cour.

Sans qu'il eût été aperçu par sa femme, Cantain avait ramassé un morceau de charbon, et, tout en suivant la grande rue qui compose presque à elle seule tout le village de Saint-Clair, il traçait, à l'insu de la Roussotte, une croix sur la porte des maisons devant

16.

lesquelles il passait, en formulant intérieurement un vœu de vengeance.

Dans l'année qui suivit son départ de Saint-Clair, toutes les maisons que Cantain avait ainsi marquées furent frappées d'un sinistre.

XIV

LES REVANCHES DE CANTAIN

Lorsque nous avons, au commencement de ce récit, montré Cantain comme un des hôtes les plus assidus du *Sabot rouge*, trente années s'étaient écoulées et la génération qui, en le persécutant, l'avait obligé à quitter le pays, s'était presque renouvelée. Il était revenu à Saint-Clair, où il habitait la Maison de paille, qu'il avait fait rebâtir lorsque la mort de sa femme et l'établissement de sa seconde fille Héloïse, mariée au cabaretier Pampeau, étaient venus dater la nouvelle phase de l'existence qu'il avait adoptée à l'époque où nous le retrouvons.

A cette époque, le vieux Cantain, qui n'allait plus au chantier depuis qu'il se prétendait attaqué de la maladie du sable, vivait littéralement d'industries prohibées.

Il pratiquait surtout le braconnage aussi librement que s'il eût payé patente, et lorsqu'un garde nouveau arrivait dans le pays, Cantain avait l'habitude de lui prendre sa mesure, comme il le disait, par quelque témérité offensive qui était ordinairement une invitation à la prudence. Il était, en outre, le héros d'une foule d'histoires qui auraient pu fournir un dossier intéressant pour le procureur du roi, et depuis longtemps déjà, lorsqu'une volaille manquait au poulailler ou qu'un lapin avait disparu du toit, on n'accusait plus le renard.

Mais si l'opinion publique désignait à voix basse le carrier comme étant l'auteur de tous ces larcins, ceux-là mêmes qui en étaient victimes se refusaient à en aider la répression et s'abstenaient de toute déclaration hostile contre lui.

Cette impunité lui semblait assurée, grâce à la terreur traditionnelle que son nom excitait encore parmi les habitants de Saint-Clair, et surtout grâce à deux ou trois vengeances si habilement conçues et si habilement exercées qu'il avait été impossible de le poursuivre, faute de preuves.

Pampeau, dont la probité souffrait de la mauvaise réputation de son beau-père, hasardait quelquefois des remontrances.

— On se plaint de vous dans le pays, lui disait-il, et il se prononce de vilains mots quand on passe devant votre maison.

— De quoi se plaint-on? répondait cyniquement le

carrier. Je ne prends que ce qu'il me faut ; et faisant allusion à l'ivrognerie de son gendre : Tu devrais bien faire comme moi, lui disait-il.

Cantain, en effet, bien qu'il fît quotidiennement une énorme consommation d'eau-de-vie, ne se mettait jamais en état d'ivresse.

— Mais au moins, répliquait Eustache, moi je prends à même mon bien, et ce que je prends je me le paye. Vous avez beau être connu pour un malin, vous trouverez plus malin que vous. On vous piégera comme un renard, et on vous fera cuire du pain dur pour vos vieilles dents.

— Les gens d'ici ne sont pas encore assez bêtes pour me prendre ou me laisser prendre ; ils savent bien que je suis aussi utile dans le pays que les *curés* (1) qu'on met au milieu d'un champ pour épouvanter les oiseaux. Le jour où je n'y serai plus, tous les habits verts et toutes les culottes de peau du canton vivraient dans votre poche.

— C'est égal, disait le gendre avec inquiétude, méfiez-vous. Ça finira mal, ça ne vaut rien d'être en guerre avec la loi.

— Je suis en paix avec moi. Va-t-en dormir, poche à vin, répondait le beau-père.

Les prévisions d'Eustache Pampeau ne devaient pas tarder à se réaliser. Un jour de fête patronale du pays,

(1) On appelle ainsi, dans certaines campagnes, les mannequins habillés de noir que l'on place dans les arbres à fruits au moment de la récolte.

un voisin de Cantain, nommé Guillorin, que son voisinage rendait plus souvent que les autres la victime du vieux carrier, l'accusa publiquement de lui avoir dérobé, la veille, un tas de bourrées dans son taillis. Excité sans doute par d'amples libations faites au café forain, il se montrait moins que de coutume ménager d'expressions compromettantes.

— Voyons, mon garçon, lui disait le garde-champêtre en essayant de le calmer, donne-moi des preuves de ce que tu avances, et je verbalise. Mais sans preuves, je ne puis rien faire.

— Des preuves! répétait le paysan, mais j'en ai de toutes chaudes. Le tas de bourrées est encore chez lui, sous son hangar ; je les ai vues en montant sur mon toit. Si tu osais faire ton devoir comme je dis ce que je pense, ajouta-t-il en se retournant vers le garde champêtre, tu recevrais ma dénonciation.

— Un autre jour que tu seras de sangfroid et que tu auras des témoins, viens me trouver, tu verras si je boude, répondit le garde. En attendant, je te conseille de ne pas crier si haut. Nous sommes auprès de la maison de Cantain, il pourrait t'entendre, me demander mon témoignage, et je ne pourrais pas nier que je ne t'aie entendu tenir de mauvais propos sur son compte, en lieu public, ce qui constitue un délit.

Et il ajouta tout bas en désignant la maison du carrier :

— Je souhaite que le vieux ne t'ait pas entendu.

— Tu crois donc que j'ai peur! fit Guillorin excité

par la contradiction et aussi par la présence de quelques-uns de ses voisins.

— Peut-être pas aujourd'hui, mais demain ou un autre jour tu regretteras ce que tu as dit tout à l'heure, Ah! si tu étais sûr, encore! mais quand on n'est pas sûr, faut se taire.

— Eh bien, fit Guillorin avec une colère croissante que l'ivresse excitait encore, je veux que ce gueux-là sache ce que je pense de lui, ce que nous pensons tous et ce que personne n'ose dire ajouta-t-il, en provoquant par un regard l'adhésion des paysans, qui, en se rendant à la fête, s'arrêtaient pour l'écouter et se demandaient tout bas de quoi il s'agissait. Et s'étant baissé, il ramassa à terre un morceau de plâtre, puis il se dirigea vers la maison du carrier, qui était à quelques pas de la sienne, et il écrivit sur la porte en grosses lettres :

MAISON D'UN VOLEUR.

Tous les spectateurs de cette scène s'approchèrent l'un après l'autre pour lire l'injurieuse inscription.

— Mon garçon, lui dit le garde-champêtre qui l'avait suivi, tu es en train de faire des bêtises. Et comme il faisait un mouvement pour effacer ce qui venait d'être écrit, Guillorin se plaça entre lui et la porte.

— Non, dit-il, exalté lui-même par sa propre audace, ça y est, ça y restera.

Cependant le bruit du tumulte extérieur pénétrant jusqu'aux oreilles de Cantain, le fit sortir de sa maison. Comme il paraissait sur le seuil, le chien Toto, qui rôdait dans le groupe, s'élança dans la cour.

En ouvrant sa porte, le carrier avait aperçu l'inscription et Guillorin, que sa brusque apparition avait fait légèrement pâlir, sans que celui-ci reculât pourtant.

Le premier regard de Cantain s'était promené lentement sur tous les assistants; et comme il semblait poser à chacun d'eux une interrogation muette et menaçante à la fois, tous, les uns après les autres, firent un geste négatif.

— C'est donc toi? demanda le carrier à Guillorin en même temps qu'il lui montrait la porte.

— Eh bien, oui, c'est moi; après? fit celui-ci en s'avançant vers le carrier. Voleur, c'est mon opinion; veux-tu que je la signe?

— Si tu veux, répliqua tranquillement Cantain. Et ramassant le morceau de plâtre que le paysan avait jeté à ses pieds après avoir écrit, il le lui tendit en lui disant:

— Tiens, voilà ta plume.

— Veux-tu que je mette aussi la date? dit Guillorin exaspéré; et il ajouta le quantième du mois au bout de sa signature.

— Ça n'était pas la peine, je m'en serais souvenu, va, répondit Cantain.

Et s'adressant aux paysans, dont le rassemblement devenait d'instant en instant plus nombreux, il dit à haute voix en leur désignant la porte de sa maison:

— Y a-t-il ici quelqu'un qui veuille approuver l'écriture qui est ci-dessus?

— Ah! les lâches! exclama Guillorin en voyant que tout le monde gardait le silence autour de lui.

— Eh bien, Courraut, mon bonhomme, fit Cantain en se retournant vers le garde-champêtre et en lui montrant l'inscription faite par Guillorin, toi qui es l'autorité, fais ton métier; voilà un délit, et les témoins ne manquent pas, j'espère, ajouta-t-il en se retournant vers l'assemblée. Allons, Courraut, mon bonhomme, verbalise.

— Non, répondit le garde-champêtre; voilà les gendarmes qui arrivent, ce sera leur affaire.

En effet, on entendit le bruit rapproché d'un pas de chevaux, et deux gendarmes, envoyés à Saint-Clair pour maintenir l'ordre dans la fête, parurent sur la route.

En apercevant un groupe dans lequel semblait se manifester quelque agitation, ils pressèrent le pas de leur monture et arrivèrent bientôt devant la maison où presque tout le pays était rassemblé.

— Qu'y a-t-il? demanda le brigadier au garde-champêtre.

Courraut raconta ce qui se passait.

Les deux gendarmes parurent se consulter. Ils furent interrompus par Guillorin, qui renouvela son accusation avec véhémence.

— Voyons, avez-vous des preuves? demanda le brigadier en quittant la selle.

— Si vous voulez entrer dans cette cour, continua Guillorin en désignant Cantain, vous y trouverez les bourrées que cet homme m'a volées. Il y en a vingt-sept ; elles sont sous le hangar.

— Vous niez, vous? dit le brigadier au carrier.

— Tiens! fit-il, cette raison! Est-ce qu'on n'est pas libre d'avoir des bourrées chez soi, surtout quand on les achète?

— A qui les avez-vous achetées? demanda vivement le brigadier.

— A lui, répliqua Cantain avec une vivacité égale.

Et il désigna parmi les assistants un des voisins de son beau-père.

— Est-ce vrai? demanda le gendarme à l'homme désigné.

Celui-ci parut hésiter un moment. Mais sa femme lui serra le bras et lui dit tout bas :

— Dis que oui, mon homme.

— Voyons, est-ce la vérité? fit de nouveau le brigadier.

— C'est vrai, répondit le paysan en baissant les yeux devant Guillorin.

— *Feignant!* fit celui-ci en frappant du pied.

— Vous, d'abord, pas de sottises, lui dit un des gendarmes.

— Tenez, brigadier, reprit Guillorin pâle de fureur, si vous voulez faire perquisition, j'ai un moyen de prouver que les bourrées sont à moi. Qu'on les délie l'une après l'autre, il y en a une dans laquelle on trouvera un lièvre caché.

— Un lièvre! dit le brigadier; mais la chasse est fermée.

— Je sais bien que je me dénonce, continua Guillorin avec la même agitation, mais ça m'est égal. Si je te fais prendre, ajouta-t-il à voix basse en s'approchant de Cantain, je serai poursuivi comme braconnier, mais tu seras condamné comme voleur.

— Ouvrez-nous votre porte, vous, dit le brigadier à Cantain; nous allons bien voir.

Mais avant que la porte fût complétement ouverte, le chien Toto, qui était entré dans la cour du carrier au moment où celui-ci en sortait, s'échappait par-dessus le mur de la plaine en emportant le lièvre, que son flair subtil lui avait fait trouver dans les bourrées remisées sous le hangar.

XV

FORCE A LA LOI

L'assurance avec laquelle Cantain soutenait l'accusation dirigée contre lui, l'absence de la preuve invoquée par son dénonciateur, l'état d'ivresse dans lequel se trouvait celui-ci, l'espèce de démenti donné à ses paroles par l'attitude des autres paysans qui s'abstenaient volontairement de charger le carrier, laissèrent les gendarmes dans le doute, et ils se retirèrent sans avoir verbalisé contre Cantain.

Comme celui-ci le pressentait bien, les gens de Saint-Clair avaient d'ailleurs une raison pour tolérer son maraudage. C'était une sorte de prime accordée tacitement à la terreur que le vieux carrier inspirait aux gardes d'alentour. Comme nous l'avons dit au commencement de ce récit, ils apportaient dans leur service une réserve extrême qui était presque un encouragement au braconnage ouvertement pratiqué dans la commune.

Leur audace était devenue telle, que l'autorité, qui s'était montrée indulgente dans la crainte de renouveler le conflit grave qui déjà une fois avait ensanglanté l'auberge du *Sabot Rouge*, se décida à prendre des mesures rigoureuses.

Tous les gardes dont le zèle fut soupçonné douteux furent destitués par l'administration.

Cette mesure causa à Saint-Clair un grand émoi quand elle y fut connue.

La veille du jour où il devait quitter le village, le garde destitué étant venu le matin prendre le vin blanc au *Sabot Rouge*, y trouva Cantain, attablé, selon sa coutume, devant une chopine d'eau-de-vie et fumant un vieux bout de pipe noirci qui semblait rivé à ses dents.

— Eh bien, père Cantain, lui dit le garde en s'asseyant en face de lui, vous savez la nouvelle?

— Je sais que mon voisin Guillorin a *descendu* encore une biche cette nuit, derrière sa maison. Tu as dû entendre le coup?

Le garde secoua la tête affirmativement.

— Il va bien, Guillorin, continua le carrier. C'est la seconde grosse bête qu'il démolit depuis un mois, sans compter les petites. Dame! il a raison, ce garçon, faut qu'il se fasse de l'argent pour payer les frais du procès-verbal que les gendarmes lui ont fait l'autre jour.

— Il ne s'agit pas de ça, reprit le garde en choquant son verre contre celui du carrier. On me destitue !

— C'est une perte pour la commune, dit Cantain tranquillement ; tu seras regretté, mon garçon.

— Je le crois, reprit le garde ; car vous allez voir du changement après mon départ ; mon remplaçant est un gaillard qui n'a pas froid aux yeux, et, comme il est étranger au pays, il n'aura pas de ménagement à garder. Ainsi, avant de partir, si j'ai un conseil à vous donner à tous, c'est de vous tenir sages.

— Eh ! fit Cantain en levant les épaules, je suis bien vieux pour me corriger. Ton remplaçant fera comme les autres. Toi aussi, dans le commencement, tu étais assez roide ; on ne rencontrait que toi, c'était gênant pour ceux qui allaient se promener la nuit dans les bois. Mais tu as fini par comprendre qu'il valait mieux rester auprès de ta femme ; on t'a averti d'abord.

— Oui, fit le garde en tressaillant comme ému par un souvenir, on m'a averti, il y a même un grain d'avertissement qui est resté dans la crosse de mon fusil. C'était du double zéro.

— Si tu n'avais pas compris cette fois, on aurait été obligé de redoubler l'explication avec du numéro à sanglier, qui est également bon pour le gendarme, dit Cantain en buvant son eau-de-vie.

— Ainsi, fit le garde, si je n'avais pas consenti à fermer les yeux sur les délits, vous m'auriez tué.

— Faut que tout le monde vive, mon garçon, dit Cantain; et il ajouta : Explique nos usages à ton collègue.

— En attendant, reprit le garde, je vous conseille de vous méfier. Voilà dix ans que mon collègue brûle de la poudre avec les Arabes, et j'ai l'idée qu'il n'aura pas peur de la vôtre.

— On verra bien fit le carrier.

Deux jours après, le nouveau garde choisi par l'administration vint s'installer à Saint-Clair. C'était un grand garçon d'une trentaine d'années, qui avait le teint brûlé par le soleil de l'Afrique, où il avait servi pendant plusieurs années. Il s'appelait Chantereau et il était célibataire. La maison qu'il habitait était justement voisine du *Sabot Rouge* ; aussi le lendemain de son arrivée, avant de commencer sa ronde dans la partie de forêt confiée à sa surveillance, il entra à l'auberge et prévint Eustache Pampeau que, jusqu'au moment où il serait complétement installé chez lui, il prendrait ses repas au cabaret. En apprenant que Chantereau devait dîner le soir au *Sabot Rouge*, Cantain, qui, selon son habitude, voulait lui *prendre sa mesure*, dit à sa fille Héloïse :

— Tu mettras deux couverts à la table. Je veux voir sa figure au travers d'une bouteille, à cet homme-là; et comme il faut tâcher d'avoir sa pratique, tu nous feras un dîner de gibier. Tout en parlant, il ouvrit sa blouse et tira un faisan et un levraut qu'il donna à Héloïse. — J'espère, lui dit-il, que, pour ses vingt-cinq sous, il ne se plaindra pas d'être mal nourri; aussi, s'il ne paye pas le gloria au dessert, c'est un *rat*.

Dans la journée, le bruit se répandit à Saint-Clair que le beau-père d'Eustache Pampeau devait dîner avec le nouveau garde et qu'il le régalait de gibier. Tous les braconniers voulurent être témoins de cette bravade de leur doyen, et, le soir, la salle de l'auberge était trop petite pour contenir tous ceux qui avaient voulu assister au spectacle annoncé.

A cinq heures, Chantereau, ayant achevé sa tournée, entra au *Sabot Rouge*, où il trouva un couvert dressé avec plus de recherche et de symétrie qu'il ne s'attendait à en rencontrer dans un cabaret. Il était accompagné d'un de ces petits chiens d'Afrique qu'on appelle des chiens jaunes, et qui sont quelquefois d'excellentes bêtes courantes. Le chien, qui s'appelait *Moustaffa*, eut dès son entrée des mots avec Toto, auquel il voulait disputer sa place au foyer. Toto, qui avait le génie de l'égoïsme, commença par grogner et remua avec une vivacité pronostiquant la colère le pompon que sa queue formait au bas de son échine.

Moustaffa, comme s'il eût compris que, n'étant pas chez lui, il devait céder la place au maître de la maison, se reculait déjà à l'extrémité de la vaste cheminée. Cette retraite fit supposer au caniche inhospitalier que le chien du garde avait peur de lui, et, s'étant élancé par un bond rapide, il vint lui mordre les pattes de derrière. Moustaffa se retourna rapidement et fit à son tour à Toto une morsure si profonde qu'il vint se jeter en grognant dans les jambes de Cantain.

— C'est bien fait, lui dit le carrier en le bourrant, fallait pas y aller.

— Je crois, dit Chantereau, que voilà deux bêtes qui ne seront jamais bien ensemble. C'est fâcheux, entre voisins.

—Oui, dit Cantain, parce que si on ne se plaît pas la première fois qu'on se rencontre, ça ne vient jamais bien après. C'est pour les gens comme pour les bêtes.

— Ça, c'est vrai tout de même, répliqua le garde : quand je suis entré au régiment, j'ai trouvé un camarade à qui ma figure ne plaisait pas ; il me l'a dit de trop près, et nous avons fini par aller nous faire la barbe avec un sabre : ce pauvre garçon, c'est la dernière fois qu'il a été rasé.

Tout en parlant avec une fanfaronnade volontaire, Chantereau avait tiré sa pipe de son carnier. S'étant aperçu qu'elle ne *tirait* pas suffisamment, il demanda à Eustache une paille pour déboucher le tuyau.

— Tenez, lui dit Cantain, en lui offrant un collet en fil de laiton, prenez donc ça ; ça vous sera plus commode.

En ce moment tous les assistants, assis aux tables voisines, tendirent le cou et observèrent l'attitude du garde.

— Faut que je l'essuie, dit-il en passant le collet dans un pli de son mouchoir : il y a encore du poil frais après ; il en pourrait entrer dans le tuyau de ma pipe et m'en venir dans la gorge ; ça me gênerait pour manger. Où donc avez-vous trouvé ça? demanda-t-il au carrier, tandis qu'il faisait ployer le fil de laiton entre ses doigts.

— Dans ma poche, répondit le carrier. Si vous le trouvez trop gros pour votre tuyau, j'en ai un plus petit.

— Merci, celui-là me suffira. Et Chantereau, ayant ployé le collet, le mit dans son carnier. Eh bien! avons-nous un bon diner ce soir, la mère? dit-il en appelant Héloïse Pampeau.

— Un ordinaire du pays, répliqua Cantain : la viande de boucherie est si chère et le boucher demeure si loin, qu'on a été obligé de nous cuisiner un levraut et un faisan.

— En ce temps-ci, dit le garde, c'est du gibier cher aussi.

— Oh! fit Cantain, quand on ne le paye pas!

— C'est comme si on l'avait pour rien, répliqua Chantereau.

Comme Héloïse apportait les deux pièces de gibier qui devaient composer le diner, le garde lui dit :

— Ma bonne femme, je n'aime à manger que le gibier qu'on a tué en temps de chasse. Si vous n'avez pas autre chose, donnez-moi un morceau de fromage et une chopine de vin ; je m'en contenterai.

Et sans paraître prendre garde à l'attention hostile et presque provocatrice dont il était l'objet, Chantereau, s'étant reculé à un coin de la table, acheva tranquillement le modeste repas qu'on lui avait servi. Tout en mangeant, comme il coupait des bouchées de pain qu'il donnait à son chien, Toto vint à son tour faire la quête autour de lui.

— Toi, mon garçon, lui dit Chantereau en lui tirant légèrement l'oreille, tu n'as pas faim ; je t'ai aperçu tantôt, dans la forêt, en train de ravager une *rabouillère* ; tu as au moins deux lapereaux dans le ventre. Si je t'y rencontre encore, je te campe un coup de fusil, parole d'honneur.

— Oh ! oh! faudra voir, faudra voir, dirent deux ou trois voix, parmi lesquelles celle de Cantain.

— Eh bien, si tu veux voir ça, tu n'as qu'à venir dans la forêt, tu le verras, fit le garde feignant de répondre au chien. Va digérer ta chasse, ajouta-t-il en repoussant Toto vers la cheminée.

Comme il se levait pour s'en aller, Cantain lui dit ironiquement :

— Vous ne payez rien, avant de nous quitter?

— Si vous voulez me dire votre nom et votre domicile, je vous paye un procès-verbal, pour avoir des engins prohibés dans votre poche.

— Je m'appelle Pierre Cantain, domicilié à Saint-Clair, répondit le carrier en se levant.

— Ah ! vous êtes Pierre Cantain! fit Chantereau en le regardant ; très-bien ! Votre affaire est dans le sac, ajouta-t-il quand il eut écrit quelques lignes sur un feuillet de son portefeuille.

— Vous voulez la guerre? lui dirent deux ou trois carriers en quittant leur place.

— Comme j'ai été soldat, je n'ai pas peur, répondit le garde. Mais nous ne l'aurons que si vous me la déclarez. Et il sortit en sifflant son chien.

Le lendemain, en faisant sa tournée matinale dans la forêt, Chantereau aperçut Toto qui était retourné à la *rabouillère* où il l'avait vu la veille. Il lui tira un coup de fusil à trente pas. Un instant il pensa l'avoir manqué, car, au moment où il ajustait, il avait senti son bras fouetté par une branche d'arbre; mais ayant vu le chien rouler sous le coup et rester ensuite immobile, il continua son chemin.

Cette exécution avait eu un témoin. Une petite fille, qui faisait brouter une chèvre, entendit la détonation et vit le chien tomber. Elle attacha alors sa bête à un arbre et, prenant ses sabots dans ses mains pour courir plus vite, elle descendit toute effarée au cabaret de Saint-Clair, où le cabaretier versait une tournée à des carriers.

— Mon parrain, cria-t-elle en entrant, on vient de tuer Toto.

— Ah! ce malheur, fit Eustache en se dressant; qui ça? où ça? ajouta-t-il.

— Notre voisin, le garde, avec son fusil, répondit l'enfant, soufflant entre chaque phrase.

— Tu peux l'assigner et le faire condamner à des

dommages-intérêts, dit un des carriers à Pampeau. On n'a pas le droit de tuer un chien, à moins qu'il ne soit enragé.

— La preuve qu'on n'en a pas le droit, c'est que les autres gardes n'osaient pas tirer dessus, ajouta un autre. Tu peux nous faire assigner en témoignage. Nous dirons que ton chien amenait du monde chez toi pour voir ses tours ; tu peux demander cent écus.

Pendant qu'on montait la tête à Pampeau pour qu'il assignât le garde-champêtre en dommage et intérêts, Cantain arrivait au *Sabot Rouge* pour y prendre sa ration d'eau-de-vie quotidienne. En apprenant le meurtre de Toto, il murmura entre ses dents et en faisant allusion à Chantereau :

— Décidément, il faut que ce gredin-là soit averti, ou nous n'aurons pas la paix. Il y a de la lune ce soir ; j'irai en forêt ; s'il vient me gêner, tant pis pour lui, je l'avertirai.

Pampeau, dont l'humeur était ordinairement si pacifique, était furieux de la mort de son chien.

— Toi, dit-il en se tournant vers sa filleule, tu vas me conduire à l'endroit où est resté Toto. Je veux l'enterrer dans mon jardin.

— Oui, mon parrain. Je lui planterai un petit cimetière, ça m'amusera, répondit l'enfant. Et elle ajouta avec une petite mine de convoitise : N'est-ce pas que vous me donnerez son habit de marquis pour mon poupart ? C'est comme ça qu'on fait avec les habits du *monde*, quand il est défunt.

Mais à l'instant même où l'on sollicitait son héritage, Toto reparaissait dans la salle du *Sabot Rouge*. Son maître pensa d'abord qu'il avait été seulement blessé et venait mourir au logis. En voyant sa gueule et sa barbe sanglantes, Eustache lui lava la tête dans une écuelle, et chercha vainement la plaie de la blessure. Il ne trouva aucune trace de plomb. Mais en même temps que l'eau dans laquelle on étanchait l'animal se colorait, Pampeau vit surnager une infinité de poils dont la présence lui expliqua bientôt la rotondité exagérée des flancs de l'animal, qui avait toute une famille de lapereaux dans le ventre.

Voici ce qui était arrivé : — Au moment où le garde l'avait couché en joue, Toto, s'étant rappelé un de ses anciens tours, avait fait le mort, et Chantereau, le voyant resté sur la place avait cru l'avoir tué.

— Ah! ce malheur! fit Pampeau, qui employait toujours cette locution, même lorsqu'elle était le plus contradictoire avec les circonstances ; si Toto meurt cette fois, ce ne sera que d'une indigestion.

Le soir même, un peu avant le lever de la lune, Cantain sortait de chez lui, armé d'un vieux fusil à canons courts, rouillés, et qui avait à lui seul tué peut-être plus de gibier que tous les chasseurs du département. L'affût auquel se rendait le carrier était situé au bord d'une grande pièce voisine de la forêt. Pour n'être pas aperçu du gibier qu'il venait y attendre, Cantain avait creusé une fosse dans laquelle il pouvait se cacher jusqu'à mi-corps. Pour que cette fosse ne fit pas soupçonner un affût, il l'avait comblée avec du fumier recouvert d'une couche végétale. Mais le matin, en faisant sa ronde, le hasard avait conduit Chantereau sur cette pièce.

Les précautions prises pour dissimuler la présence du trou qu'il avait découvert en sentant le fumier céder sous ses pas avaient fait comprendre au garde à quel usage il était réservé. Il était allé d'une seule traite à Fontainebleau et avait demandé l'assistance de la gendarmerie pour faire une capture certaine. Aussi, lorsque le carrier arriva à son affût, il y avait près d'une heure qu'il était attendu par Chantereau, accompagné de quatre gendarmes cachés dans les taillis voisins. Ceux-ci le laissèrent déblayer la fosse du fumier qui la recouvrait, et lorsqu'ils l'y eurent vu descendre, ils s'avancèrent en le cernant, sur un coup de sifflet du garde.

Cantain ne vit d'abord que Chantereau. Il pensa l'effrayer en lui faisant siffler une chevrotine aux oreilles; mais au moment où il faisait feu il tombait lui-même dans la fosse, la tête ouverte par un morceau du canon de son fusil, qui avait éclaté entre ses mains. Quand les gendarmes et le garde accoururent pour s'emparer de lui, ils le trouvèrent immobile. Il mourut entre leurs bras pendant qu'ils le transportaient à la mare de Pontisy.

Le jour où on l'enterra, le *Sabot Rouge* réalisa une des plus belles recettes qu'il eût faites depuis son existence; et, en entendant sonner la messe du carrier défunt, les gens de Saint-Clair se disaient entre eux.

— Il semble que nos cloches n'ont jamais eu une aussi belle voix.

Quand à Toto, il mourut lui-même peu de temps après, aveuglé par le bec crochu d'une buse à laquelle il avait voulu disputer une proie. Cependant, avant sa mort, il avait eu le temps de fonder une dynastie dont le représentant perpétue la vorace tradition paternelle.

Le *Sabot Rouge* existe encore, et c'est bien la plus fantastique auberge que puisse rencontrer le voyageur.

Il n'y a pas plutôt un litre de vin dans la cave, qu'il est bu par Eustache Pampeau. Il n'y a pas plutôt une côtelette dans le garde-manger, que l'héritier de Toto l'a dévorée.

Quant au braconnage, il a été surtout détruit par la destruction que les braconniers avaient faite eux-mêmes du gibier.

FIN.

TABLE DES MATIÈRES

	Pages.
I. Le Sabot rouge.	1
II. La Maison de paille.	19
III. Un coin de l'Arcadie.	50
IV. La Lizon.	68
V. Isidore.	91
VI. Le Cœur et la Bourse.	113
VII. Le Code civil.	125
VIII. La Cousine Mélie.	147
IX. Le Charbon.	175
X. Où Derizelles triomphe.	212
XI. Le Garde-chasse.	231
XII. Le Procès-verbal.	248
XIII. Une Nuit d'hiver.	257
XIV. Les Revanches de Cantain.	283
XV. Force à la Loi.	292

Coulommiers. — Imprimerie de A. MOUSSIN.

www.ingramcontent.com/pod-product-compliance
Lightning Source LLC
Chambersburg PA
CBHW071526160426
43196CB00010B/1679